美智子さま
100の言葉
日本人をやさしくつつみこむ御心

山下晋司 監修
別冊宝島編集部 編

宝島社

美智子さま100の言葉

山下晋司 監修
別冊宝島編集部 編

第1章 愛と優しさ

contents

第2章 内に秘めた強さ

第3章 自ら学び、育てる

第4章 揺るぎない平和への思い

第5章 細やかな心配り

●本文中の写真は言葉の内容や時期と合致していない場合があります。
●読みやすさ等を考慮して、旧字・旧仮名遣いで書かれているものは、適宜、新字・現代仮名遣いに改めている個所があります。
●掲載している言葉のなかには、主旨を変えることなく抜粋・中略を行っている場合があります。
●短歌等で句点が入っていない言葉がありますが、原則、原文のままとしています。

装丁：妹尾善史（landfish）
編集：田村真義（宝島社）
編集協力・DTP：株式会社ループスプロダクション

第1章

愛と優しさ

人間としてしあわせなら、
その環境に対応してゆくエネルギーも
出てきます。

朝日新聞夕刊（昭和35年9月19日）

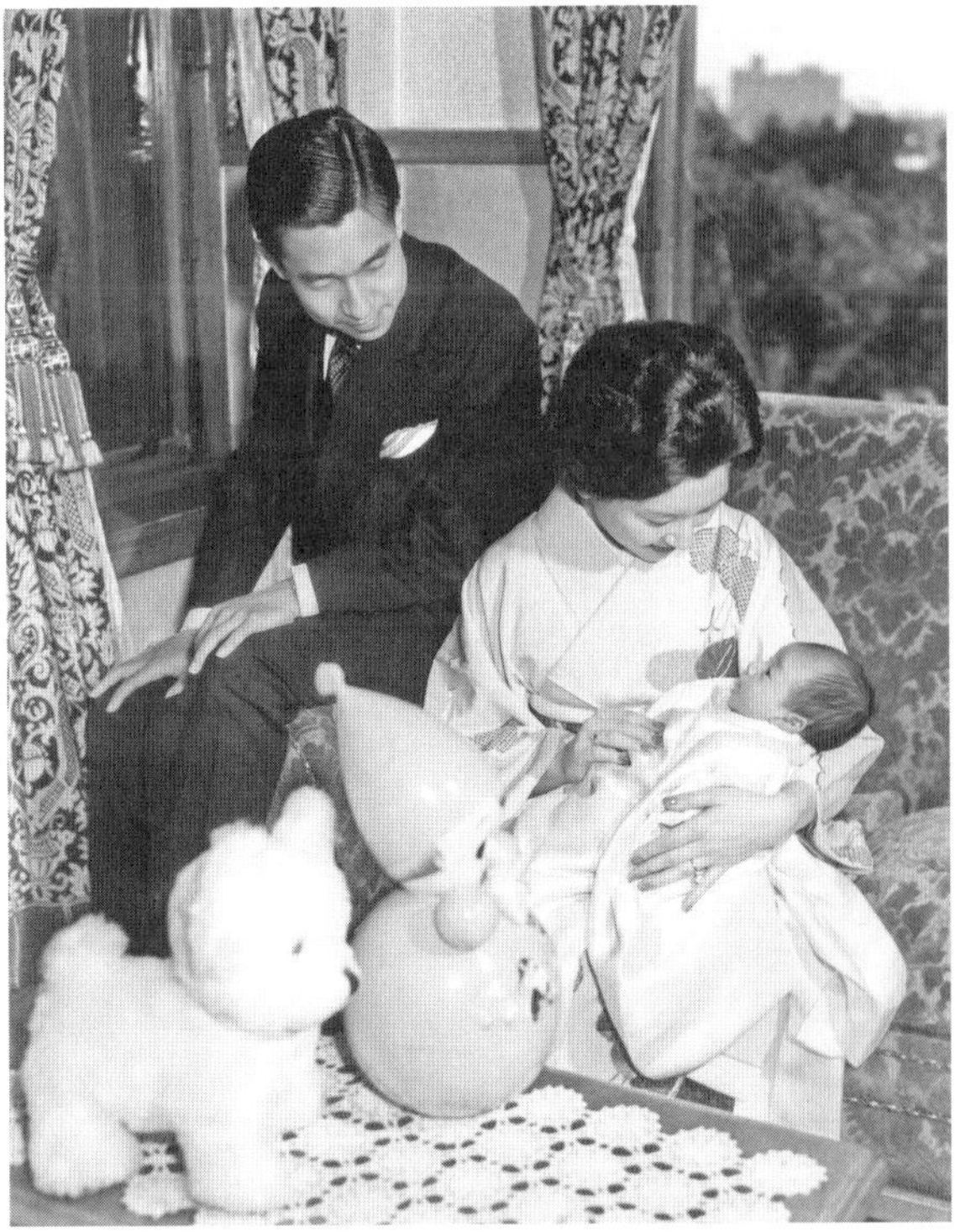

昭和35年、ご誕生50日に賢所皇霊殿神殿に謁するの儀を迎える浩宮さま（現・皇太子さま）と皇太子さま（現・天皇陛下）、美智子さま（朝日新聞社提供）

結婚後初めての東宮御所での会見で、外国報道機関の記者による「ご結婚から1年あまり過ごして、現在の生活をどう考えていますか」という遠慮のない質問に対し、「むずかしいと思うこともたくさんあるし、つらいこともあり、いつになったら慣れるのか見当がつきません」と前置きした上で、こう語られている。

また、美智子さまは右のお言葉に続けて「やっと安定した家庭生活のメドがついたようです」と付け加えられた。

〝ひとりの青年〟に惹かれた

とてもご誠実で、ご立派で、
心からご信頼申し上げ、
ご尊敬申し上げていかれる方。

昭和33年　皇太子妃決定後の記者会見

昭和33年、アルバムを見ながら語らう皇太子さま（現・天皇陛下）と正田美智子さん（朝日新聞社提供）

昭和33年11月、皇太子妃決定後の記者会見で婚約者の皇太子さま（現・天皇陛下）について述べられた有名なお言葉である。

当時はすでに所謂《いわゆる》〝象徴天皇制度〟となっていたが、終戦から十数年しか経っておらず、世間ではまだ「天皇は神様」というイメージが強かった。そんな時代背景に反し、皇太子さまをひとりの青年として人間性に惹かれたという素朴な発言である。民間から皇室に入られる初めての妃は、皇室と庶民の距離を近づけた。

点数では表せられない

殿下のお導きがなかったら、
私は何もできませんでしたし、
東宮さまのご指示とお手本が
なかったら、どうして子どもを
育てていいかもわかりませんでした。
私もお点ではなく、
差し上げるとしたら「感謝状」を。

昭和59年　天皇皇后両陛下御結婚満25年に際しての記者会見

昭和59年、結婚25年を迎え、白樺の林がある東宮御所の庭で談笑する天皇ご一家（朝日新聞社提供）

銀婚式を前にした記者会見で記者からの「お互いにつける点数は」との質問に対し、美智子さまはこのように回答された。

天皇陛下は皇太子時代より普遍的な家庭を求めながらも皇室の伝統を追求されてきた。美智子さまもそのお気持ちを叶えようと、陛下を献身的に支えてこられた。このお言葉は天皇陛下の「点数を付けることはできませんが、努力賞ということで」というご回答を受けてのものである。

この度も私はやはり感謝状を、
何かこれだけでは足りないような
気持ちがいたしますが、
心を込めて感謝状をお贈り
申し上げます。

平成21年　金婚式を前にした記者会見

平成21年、トロント小児病院で、セラピストによるパフォーマンスを患者の子どもたちと見学（朝日新聞社提供）

昭和59年の銀婚式の際、天皇陛下は「努力賞」を、美智子さまは「感謝状」を差し上げたいとおっしゃった。それから25年が経った平成21年、金婚式を迎えられた両陛下は、もう一度お言葉を贈るとしたらどのようなお言葉かと問われ、天皇陛下は「感謝状です。皇后はこの度も『努力賞がい い』としきりに言うのですが、これは今日まで続けてきた努力を嘉《よみ》しての感謝状です」と回答された。このお言葉は、そのご回答を受けてのものだ。

祠《ほこら》のようなものでいいので、
陛下のおそばに造ってほしい。

平成24年　羽毛田信吾宮内庁長官の会見

平成24年、来日したスロバキアのガスパロビッチ大統領夫妻を出迎える天皇陛下と美智子さま（朝日新聞社提供）

「極力国民生活への影響の少ないものが望ましい」と、葬儀の簡素化のお考えを持っておられた天皇陛下。天皇と皇后は江戸時代前期から土葬としていたが、天皇陛下のお考えを踏まえて、宮内庁は平成25年に今後は火葬とすることを決定した。

陛下は美智子さまに「合葬」を提案されたが、畏れ多いことと遠慮し、こう答えられたという。美智子さまは、「夫婦」とはいえ天皇は特別な存在と考えておられることがうかがえる。

06

同情する資格

気の毒な方に対して私たちは
同情する資格はございません。
あまりにも知らなさすぎます。

『女性自身』(昭和44年4月14日号)

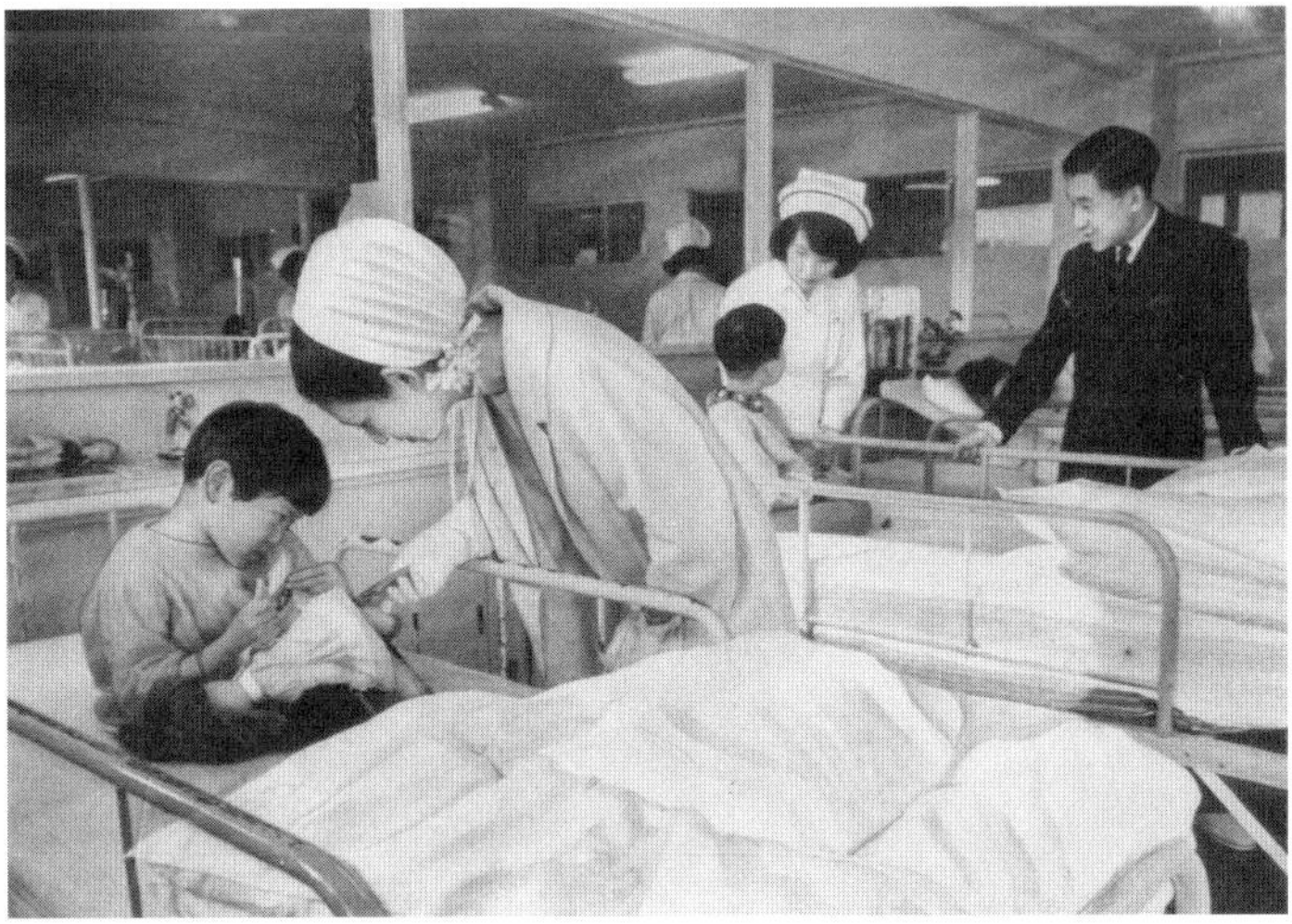

昭和41年、京都市の聖ヨゼフ整肢園で療養する子どもに寄り添って語りかける美智子さま、皇太子さま（現・天皇陛下）（朝日新聞社提供）

昭和41年、美智子さまは社会施設訪問時の感想を記者から問われ、こう述べられた。施設を訪ねる意味について美智子さまは「一方に手伝いをしよう、手助けしようと思っても、どういうふうにすればいいのかわからない方がおられれば、その人と施設の橋渡しをしたい」とも述べられている。

この年、美智子さまは社会福祉施設の「茅ヶ崎学園」や「聖ヨゼフ聖肢園」を訪問されており、予定の時間を超えても熱心に見学されていたという。

今までも、これからも寄り添って

家を離れる時に
「陛下と殿下の御心に添って
生きるように」
と父の言った言葉を、
いっそう大切にして
これからも過ごせたら。

昭和59年　お誕生日に際しての記者会見

昭和61年、軽井沢にて木立の中を散策する皇太子さま（現・天皇陛下）、美智子さま（朝日新聞社提供）

50歳のお誕生日を迎えた昭和59年は、美智子さまが皇太子さま（現・天皇陛下）と結婚されて25年目の節目の年でもあった。

記者会見では、今までの両家での思い出を振り返るように、こう話された。

この言葉の中に登場する美智子さまの父・正田英三郎さんは、日清製粉の創業者・正田貞一郎氏の三男。長兄が早世し、次兄が学者となったこともあり、日清製粉グループ本社の社長、会長を歴任している。

子に告げぬ哀しみもあらむを柞《ははそ》葉《は》の
母清《すが》やかに老い給ひけり

昭和53年　歌会始の儀

昭和33年、ご婚約発表直前、外出した正田美智子さん、富美子さん（朝日新聞社提供）

宮中では、毎年1月に、歌会始の儀が行なわれる。この年のお題は「母」であり、美智子さまは母・正田富美子さんが老いていく様子を詠まれた。

美智子さま自身も母となり子育てをしていくなかで、自分が育った環境を回顧されたことも少なくはないだろう。

富美子さんは佐賀県出身で、江商上海支店長の副島綱雄氏の長女である。昭和4年に正田英三郎さんと結婚した。

御用邸にもどって後、高揚した様子で常にも増して活々と動いたり、声を出したりしており、その様子が可愛かったことを思いだします。

平成20年　お誕生日に際しての文書回答

平成20年、葉山御用邸近くの海岸で、犬と触れあう秋篠宮ご夫妻と悠仁さま（朝日新聞社提供）

平成20年9月、神奈川県三浦郡葉山町にある葉山御用邸で天皇陛下と美智子さまは秋篠宮ご一家と一緒に静養された。両陛下と紀子さま、悠仁さまは和船に乗られ、天皇陛下自ら櫓《ろ》を漕《こ》がれたのは当時メディアでも話題となった。陛下は疎開中の小学生時代から和船に親しまれ、慣れた様子でゆったりと櫓を漕がれた。

この平成20年のお誕生日のご回答の文書では、悠仁さまとの心温まる触れ合いの一場面に対し、そう語られている。

美智子さまの言葉 10 自然に思いを巡らせて

何処《いづこ》にか流れのあらむ尋《たづ》ね来し
遠野静かに水の音する

平成25年　遠野市を訪問し詠まれた歌

平成25年、大船渡市にある太平洋セメント大船渡工場の災害廃棄物除塩施設を訪れた天皇陛下と美智子さま（朝日新聞社提供）

平成25年7月、天皇陛下と美智子さまは、東日本大震災に伴う被災地御訪問のため岩手県の大船渡市、陸前高田市等を訪れたが、それに先立ち、主に後方支援で大きな役割を果たしていた内陸の岩手県遠野市を訪ねられ、遠野市文化交流施設や同市内にある仮設住宅などで復興状況をご聴取された。

この歌は静かな水の音を耳にされ、川の流れがどこかにあるのではと感じ、詠まれたものである。

11 けなげな少女へ

「生きてるといいねママ
お元気ですか」
文《ふみ》に項傾《うなかぶ》し幼な児眠る

平成23年　被災した少女が書いた手紙に心打たれ詠まれた歌

平成23年、被災した歌津地区に黙礼される天皇陛下と美智子さま(朝日新聞社提供)

この歌は、東日本大震災で津波に両親と妹をさらわれた4歳の少女が、母に宛てて手紙を書きながら、その上にうつぶして寝入ってしまった写真を新聞紙上でご覧になり、そのいじらしさに心打たれて詠まれたものである。美智子さまは震災発生後、この不条理を受け止めきることができず、一時深い絶望感を味わったが、被災地の人々の気丈な姿に勇気をもらったという。

なお、少女の記した原文は、「ままへ。いきてるといいねおげんきですか」

孫を見つめる喜び

今、また祖母という新しい立場から、
幼い者同士が遊んだり
世話しあったりする姿を見つめる
喜びにも、格別なものがある
ということは申せると思います。

平成19年　お誕生日に際しての文書回答

御所・応接室にて平成19年の新年を迎える天皇ご一家（朝日新聞社提供）

翌年春に東宮家の愛子さまが小学校に入学することや、前年に誕生した秋篠宮家の長男・悠仁さまが1歳となられたことなど、平成19年のお誕生日の質問は4人の孫についての話題が中心となった。

このお言葉は、孫の成長についての感想を求める宮内記者会の質問に対するものである。自身の育児体験を振り返りながら、「母」とはまた違った「祖母」としての立場ならではの特別な喜びについて述べられている。

人びとに見守られつつ御列《おんれつ》の
君は光の中にいましき

平成21年　天皇陛下御即位の日を回想して詠まれた歌

平成2年、即位の礼「祝賀御列の儀」で、オープンカーから祝福に応える天皇陛下と美智子さま（朝日新聞社提供）

平成2年11月、天皇陛下即位の礼が皇居にて執り行われ、正殿の儀に続き祝賀御列の儀に臨まれた天皇陛下と美智子さまは、柔らかい秋の日差しの中、10万人を超す人々の歓迎を受けながら、赤坂御所までオープンカーで帰られた。

この歌はその当時の天皇陛下の御様子を思い出してお詠みになったものである。

ちなみに、式典の警備・要人警護には約3万7000人の警察官が動員された。これは昭和天皇の大喪の礼をも上まわる人数である。

時に厳しく、しかしどのような時にも
寛容に導いて下さり、
私が今日まで来られたのは、
このお蔭《かげ》であったと思います。

平成26年　お誕生日に際しての文書回答

平成26年12月23日、天皇陛下81歳のお誕生日を祝う「宴会の儀」にて、談笑する天皇陛下と美智子さま（朝日新聞社提供）

平成26年、傘寿（80歳）を迎えられた美智子さま。これまでの80年間を戦争・平和・家族と絡めて振り返られた。

皇室に入ってからは、昭和天皇と香淳皇后に見守られるなか、陛下の様々な導きに沿って今日まで歩んできたと述べられ、50年以上にわたる生活をともに過ごしてきた陛下に対し、こう感謝されている。なお、この年は高島屋日本橋店で、特別展「天皇皇后両陛下の80年――信頼の絆をひろげて」が催された。

今日はヘリコプターとバスを
乗り継ぎ避難所に向かっているので、
そちらには伺えないけど
被害はどうですか。

渡邉みどり『日本人でよかったと思える　美智子さま38のいい話』(朝日新聞出版)

平成7年、阪神・淡路大震災の被災地を訪れ、避難している住民たちを励まして避難所を出る美智子さま（朝日新聞社提供）

平成7年1月17日の朝、阪神・淡路大震災が発生し、6000名以上の死者を出す大惨事となった。天皇陛下と美智子さまは同月31日、ヘリコプターやバスを乗り継ぎ、避難所を訪れられた。震災では、満州国皇帝であった愛新覚羅《あいしんかくら》溥儀《ふぎ》の弟、溥傑《ふけつ》さんの次女・嫮生《こせい》さんも被害を受けた。これは、その時に電話で美智子さまが直接嫮生さんにおっしゃった励ましのお言葉だ。嫮生さんの叔母・福永泰子さんは、30年にわたり香淳皇后に仕えた人物である。

語らいの時

時じくのゆうなの蕾《つぼみ》活《い》けられて
南静園の昼の穏《おだ》しさ

平成16年　ハンセン病療養所「宮古南静園」を訪れ詠まれた歌

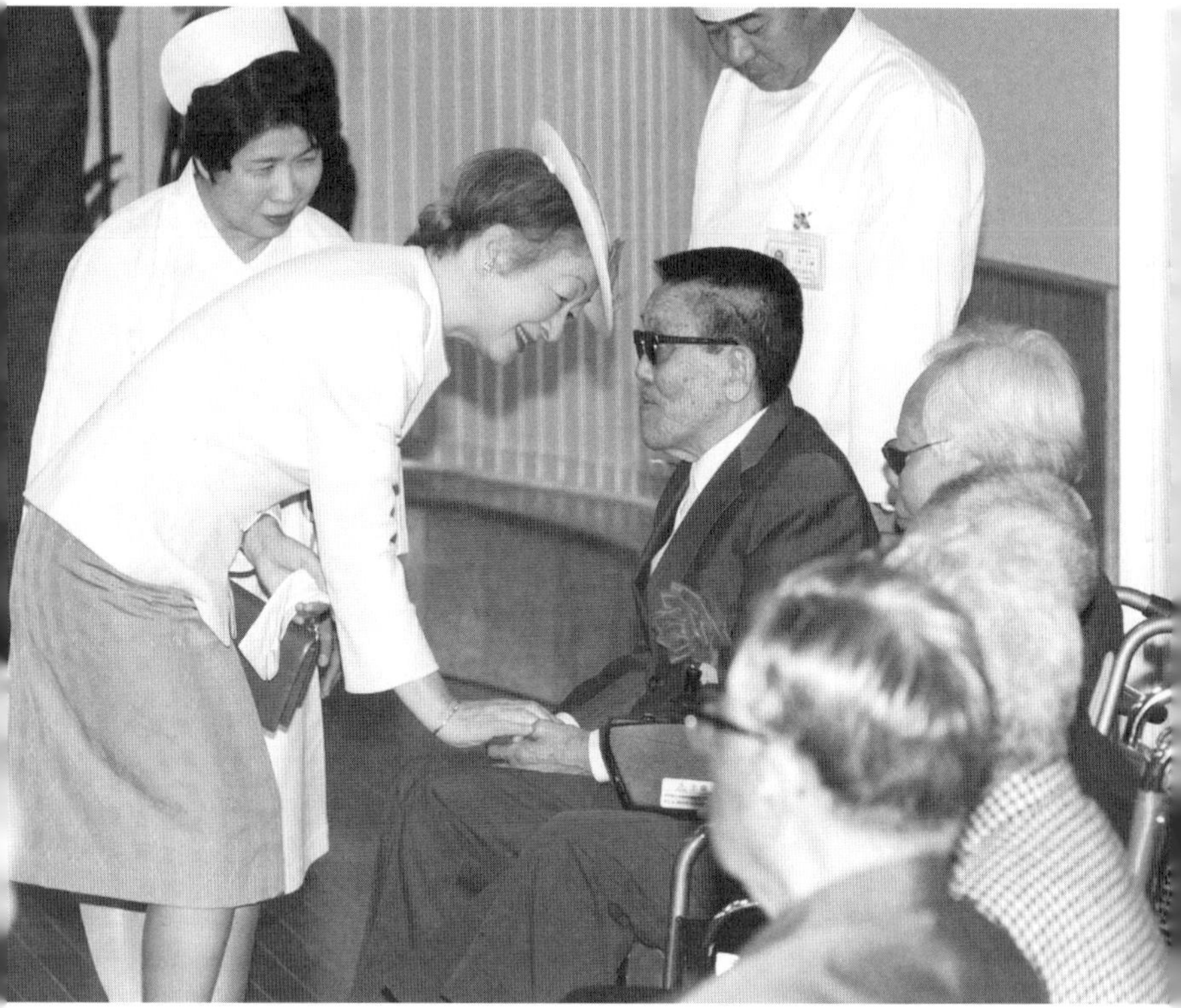

平成16年、入所者を励ます美智子さま。ハンセン病療養所「宮古南静園」を訪問（共同通信社提供）

平成16年1月、天皇陛下と美智子さまは沖縄県・宮古島でハンセン病療養所「宮古南静園」を訪問された。この歌は、両陛下をお迎えする園内に、まだ季節には早いゆうなの花の蕾が一つ飾られており、このことと入所者との静かな語らいの思い出を重ねて詠まれたものである。

両陛下は差別と偏見に苦しんだハンセン病患者を気にかけ、平成26年まで46年かけて全国14カ所あるハンセン病療養所すべてを訪問されている。

紫の横雲なびき群島に
新しき朝《あさ》今し明けゆく

平成15年　奄美大島の土盛海岸を訪れ詠まれた歌

平成15年、奄美群島日本復帰50周年記念祝賀会に出席され、乾杯する天皇陛下と美智子さま（共同通信社提供）

平成15年11月に行われた奄美群島日本復帰50周年式典にご出席された翌早朝、天皇陛下と美智子さまは笠利町の宿舎に隣接する土盛海岸に、日の出を見に出かけられた。この歌はその時の様子を詠まれたものだ。

奄美群島は戦後、米軍によって約8年間統治されていたが、昭和28年に日本に復帰した。式典は奄美大島・名瀬市の奄美復興会館で開かれ、復帰功労者など約1000人が出席。両陛下は復帰運動に携わった人々をねぎらわれた。

人の一生と同じく、国の歴史にも
喜びの時、苦しみの時があり、
そのいずれの時にも
国民とともにあることが、
陛下の御旨《みむね》であると思います。

平成7年 お誕生日に際しての文書回答

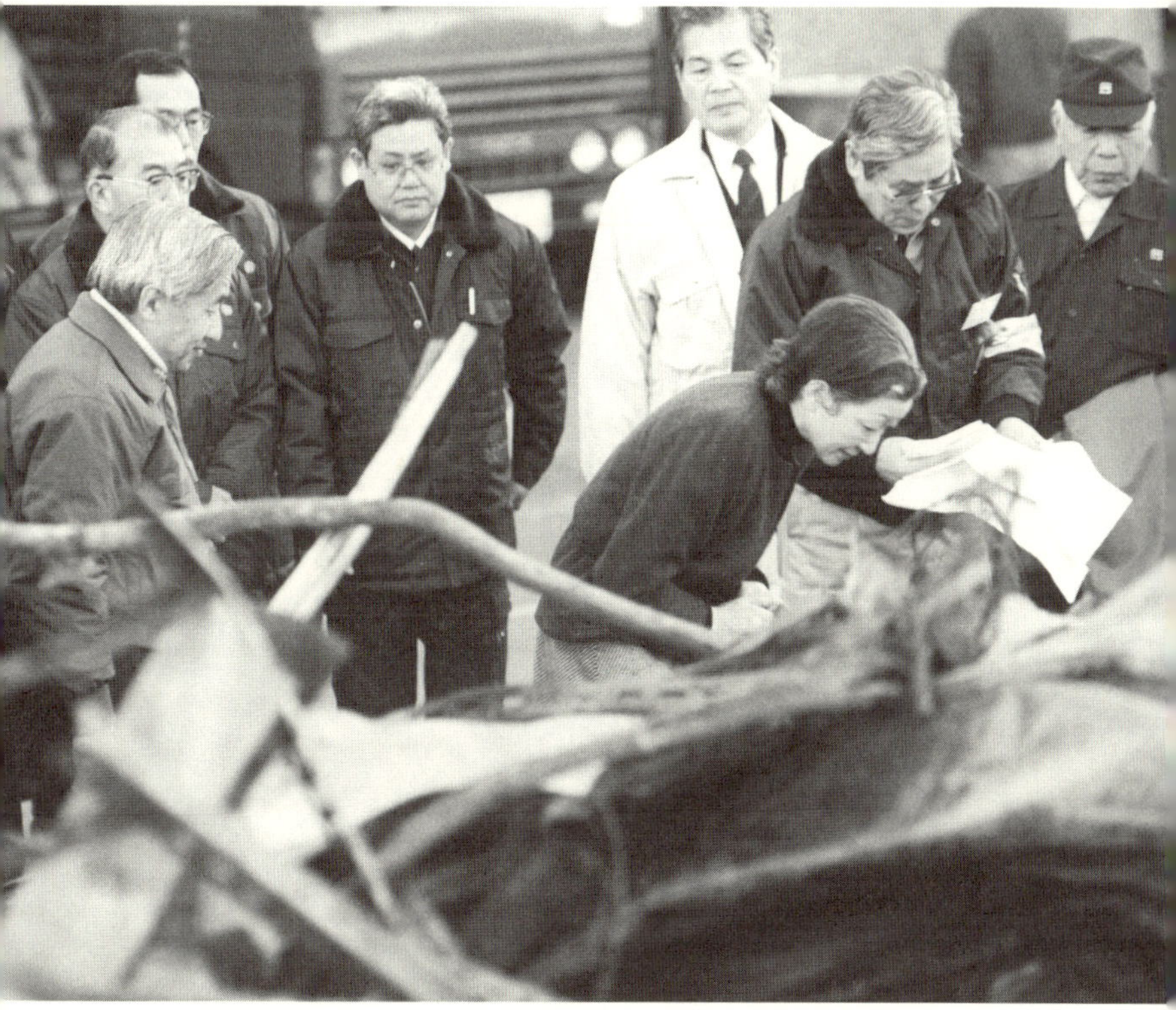

平成7年、地震で焼けた菅原市場を視察する天皇陛下と美智子さま（朝日新聞社提供）

平成7年は阪神・淡路大震災や地下鉄サリン事件が発生するなど、日本中が混乱する出来事が重なった。そんな激動の年に、皇室の意義や役割について問われ、美智子さまはこう述べられている。

なかでも、天皇陛下と美智子さまは阪神・淡路大震災の発生からまだ間もない時期に被災地をお見舞いされており、被災した人々の手を握りながら「暖かくして休んで下さい」などと声をかけられ、このお言葉通りの姿勢を示されている。

これの地に明日葉《あしたば》の苗育てつつ
三宅の土を思ひてあらむ

平成14年　八王子市の三宅島「げんき農場」を訪れ詠まれた歌

平成14年、八王子市の三宅島「げんき農場」を視察に訪れ、行政の関係者の労をねぎらう天皇陛下と美智子さま（朝日新聞社提供）

これは、平成14年3月、三宅島の噴火から避難して都内に暮らす人々の営む八王子市の三宅島「げんき農場」を訪問された際に詠まれた歌である。

避難している地で島の産物である明日葉を植えながら、どんなに三宅の土を恋しく思っているだろう、との思いをお詠みになった。美智子さまは島の復旧に努める人々の苦労をいたわりつつ、三宅の自然が再び美しくよみがえることも祈りながら、帰島の日が訪れることを願っていた。

春の光溢るる野辺の
柔かき草生《くさふ》の上にみどりごを置く

平成4年　眞子さまご誕生の際に詠まれた歌

平成3年、生まれて約2カ月の眞子さまを囲む秋篠宮ご夫妻（朝日新聞社提供）

平成3年10月23日、秋篠宮さまと紀子さまの間に、眞子さまが誕生した。眞子さまは天皇陛下と美智子さまにとって初孫となる。

美智子さまは初産となる紀子さまに対し、ただ健やかに母となる日を迎えられることを願っていた。春の陽のうららかな輝きが満ちた日に、眞子さまをそっと見守られている情景が読みとれる。

この歌は、赤子をいつまでも抱いていたい気持ちと、抱く責任を思い出した様子が詠まれている。

知ることへの感謝

奇跡のように生き残ってくださって。
絵のおかげで私どもは
（事件を）知ることができます。

朝日新聞（平成26年6月28日）

平成26年6月、沖縄県那覇市の対馬丸記念館で対馬丸事件の生存者や遺族と懇談される天皇陛下と美智子さま（共同通信社提供）

天皇陛下と美智子さまは、平成26年6月に沖縄県那覇市にある対馬丸記念館をご訪問。戦時中、学童疎開船・対馬丸が鹿児島県沖で米軍に撃沈され、約1500人が犠牲となった対馬丸事件の生存者や遺族15人と懇談された。

お言葉は、生存者の一人である上原清さんに向けられたものである。上原さんは対馬丸が撃沈された後、6日間も漂流することとなったが、奇跡的に生還。その後は事件の様子を絵で描き残している。

謝意を表す

50年の道のりは、長く、
時に険しくございましたが、
陛下が日々真摯に取るべき道を求め、
指し示してくださいましたので
今日までご一緒に歩いてくることが
できました。

平成21年　天皇皇后両陛下御結婚満50年に際しての記者会見

平成21年、京都市左京区の植物園内を散策する天皇陛下と美智子さま（朝日新聞社提供）

50年前、普通の家庭から皇室に入る時、不安と心細さで心がいっぱいだったと美智子さまは語られている。さらに皇室の伝統を重んじつつも、象徴天皇として新たな風を吹き込んできた天皇陛下と美智子さまには、多大な苦労が伴ったと考えられる。

美智子さまは御結婚満50年に際しての記者会見で、支えてくれている陛下や周囲の人々に対しての感謝のお気持ちを述べておられ、このお言葉から、ご成婚から変わらぬ愛が感じられる。

どうかこれらの人々が、最も的確に与えられる情報の許《もと》、安全で、少しでも安定した生活が出来るよう願うと共に、今も原発の現場で日々烈《はげ》しく働く人々の健康にも、十分な配慮が払われることを願っています。

平成24年　お誕生日に際しての文書回答

平成24年、仮設住宅を訪れ、住民に声をかける天皇陛下と美智子さま（朝日新聞社提供）

災害の被災地を訪問される際、美智子さまは被災者に花で思いを伝えることもあり、平成23年には皇居に咲く「逆境に立ち向かう」という花言葉のハマギク、平成7年に発生した阪神・淡路大震災の被災地訪問の際は海外で「希望」を意味する水仙を贈られている。

美智子さま78歳のお誕生日に際しての文書回答のこの一文には、長い年月を経て培われた優しさがにじみ出ており、被災者だけでなく復興に携わる全ての人々へ思いが伝えられている。

その時ある思いが去来した
というよりも、お側で過ごさせて
いただいたかけがえのない日々が、
とうとう終わりに来てしまったという
さびしさだけを感じておりました。

平成元年　天皇陛下御即位に際しての記者会見

昭和64年、昭和天皇をお見舞いするため皇居に向かう皇太子（現・天皇陛下）ご夫妻と紀宮さま（現・黒田清子さん）（朝日新聞社提供）

昭和64年1月7日、昭和天皇が崩御された。このお言葉は平成元年8月、天皇陛下御即位に際しての記者会見で、昭和天皇が崩御された時のことを思い出して述べられたものである。

皇太子妃は皇族・華族から選ばれて当然と考えられていた時代に、皇太子さま（現・天皇陛下）と美智子さまの婚約が皇室会議にて満場一致で決定したのは、〝義父〟である昭和天皇が理解を示したからだといわれている。

常に仰ぎ見る御手本として
先帝陛下と皇太后陛下がいらして
下さったことは、私にとり
この上なく幸せなことでした。

平成10年　お誕生日に際しての文書回答

昭和60年12月、新年用の写真撮影中、美智子さまと談笑する香淳皇后。左側は昭和天皇と皇太子さま（現・天皇陛下）（朝日新聞社提供）

平成10年、結婚40年を翌年に控えた美智子さまのお言葉。天皇陛下への感謝の言葉はもちろん、昭和天皇、香淳皇后の存在も、結婚生活では大きかったことがうかがえる。

美智子さまはこのお言葉に続けて「多くの方たちに支えられ、助けて頂いて今日のあることを思います」と述べられている。また、平成10年は文字通り「平成10年目」という節目の年であったが、美智子さまは「あまりに慌ただしく過ぎた」と述べられた。

私がどのように役に立っていけるか、まだよく分からないのですが、必要とされる時には話し相手になれるようでありたいと願っています。

平成12年　お誕生日に際しての文書回答

平成12年の天皇誕生日に、一般参賀者に手を振って応える天皇陛下と美智子さま（朝日新聞社提供）

平成11年末ごろから、皇太子妃雅子さまが体調を崩され、公務を一部とりやめられたことがあった。

その翌年となる平成12年10月、お誕生日に際しての宮内記者会において、雅子さまにアドバイスなどされたかと質問され、美智子さまはこうお答えになった。

右のお言葉に続いて、「助言をするということはできなくても、若い人の話の聞き役になることは、年輩の者のつとめでもあります」と述べられている。

成長を感ずる

眞子も佳子も、小さい時から
よく両親につれられて御所に来ており、
一昨年頃からは、両親が留守の時には、
二人だけで来ることも
できるようになりました。

平成14年　お誕生日に際しての文書回答

元赤坂の東宮御所談話室にて、平成14年の新年を迎える天皇ご一家（朝日新聞社提供）

平成14年10月、美智子さまのお誕生日に際しての宮内記者会でお孫さんのご成育について質問されたときのお言葉。

「一昨年」というのは平成12年を指しており、当時、眞子さまは9歳、佳子さまは6歳で、それぞれ学習院初等科の3年生、学習院幼稚園の年長組であった。

その翌年となる平成13年12月には愛子さまが誕生され、佳子さまがやさしく愛子さまの相手をされているご様子を「可愛く思います」と述べられている。

28 温かい祝福のなかで

もう45年以前のことになりますが、
私は今でも、昭和34年の
ご成婚の日のお馬車の列で、
沿道の人々から受けた
温かい祝福を、感謝とともに
思い返すことがよくあります。

平成16年　お誕生日に際しての文書回答

昭和34年、結婚の儀を終え、馬車で東宮仮御所へ向かう皇太子さま（現・天皇陛下）と美智子さま（朝日新聞社提供）

平成16年のお誕生日に際しての文書回答の一文。皇太子妃、皇后として務める日々のなか、心の内にあったものについて問われた際に、こう記された。

ご結婚時は「美智子さまぬりえ」といった商品が発売されるほどの所謂「ミッチー・ブーム」が起こり、皇太子さま（現・天皇陛下）と美智子さまの晴れ姿を見るために、沿道に人々が殺到した。この、日本全体が皇太子さまご成婚の祝福ムードで満たされた日を振り返られてのお言葉だ。

美智子さまの言葉 29 一人ひとりを考える

元気を出して頑張って。
つらかったでしょう。
大事になさってください。

平成19年　新潟県中越沖地震の被災地を訪れた際に

平成19年、柏崎市の柏崎小学校に集まる被災者に声をかける天皇陛下と美智子さま（朝日新聞社提供）

平成19年8月、新潟県中越沖地震の被災地訪問の際のお言葉。

天皇陛下と美智子さまは公務のほか、今日に至るまで災害の被災地を訪問され続け、被災者一人ひとりの前で膝をつき、目線を合わせながらこうしたお言葉をかけ、勇気づけている。新潟県中越沖地震における被災地訪問では、両陛下は自衛隊のヘリに搭乗され、上空から土砂崩れの様子などを視察。その後、避難所となっている小学校で被災者を激励された。

30 金婚の日に思う

50年前、普通の家庭から
皇室という新しい環境に入りましたとき、
不安と心細さで心が一杯でございました。
今日こうして陛下のおそばで、
金婚の日を迎えられることを、
本当に夢のように思います。

平成21年　天皇皇后両陛下御結婚満50年に際しての記者会見

平成21年、東京都千代田区の国立劇場にて行われた日本国際賞の授賞式で、言葉を交わす天皇陛下と美智子さま（朝日新聞社提供）

いつも謙虚で周囲への感謝のお気持ちを忘れない美智子さま。これは、平成21年4月、結婚50周年を迎えられた際の記者会見で述べられたお言葉だ。

また、結婚50周年を迎えた平成21年4月10日には、全国から招かれた金婚夫婦との茶会が皇居内で開かれ、両陛下は出席者と約40分間にわたり、会話を楽しまれた。さらに同日は、宮内庁前に両陛下のお祝いに訪れた国民のための記帳所が設置され、約7000人が記帳した。

美智子さまの言葉 31 縁の下の力持ちへ

高所で働く人の多いこの大工事が、大きな事故もなく終了したことに安堵と誇りを覚えます。

平成24年 お誕生日に際しての文書回答

平成24年、東京スカイツリーの天望回廊を、腕を組んで歩く天皇陛下と美智子さま（朝日新聞社提供）

平成24年に完成した、高さ634メートルに及ぶ東京都墨田区の「東京スカイツリー」についてのご感想。このお言葉は、ただ完成したことを喜ぶだけでなく、建設に携わった人々を気遣われていることがわかる。「縁の下の力持ち」への配慮を忘れないところも美智子さまらしい点だ。天皇陛下と美智子さまは同年の4月、オープンを翌月に控えた東京スカイツリーを視察され、地上450メートルに位置する「天望回廊」からの眺めを楽しまれた。

（4人のお孫さんについて）
会いに来てくれるのが楽しみで、
一緒に過ごせる時間を、
これからも大切にして
いくつもりです。

平成23年　お誕生日に際しての文書回答

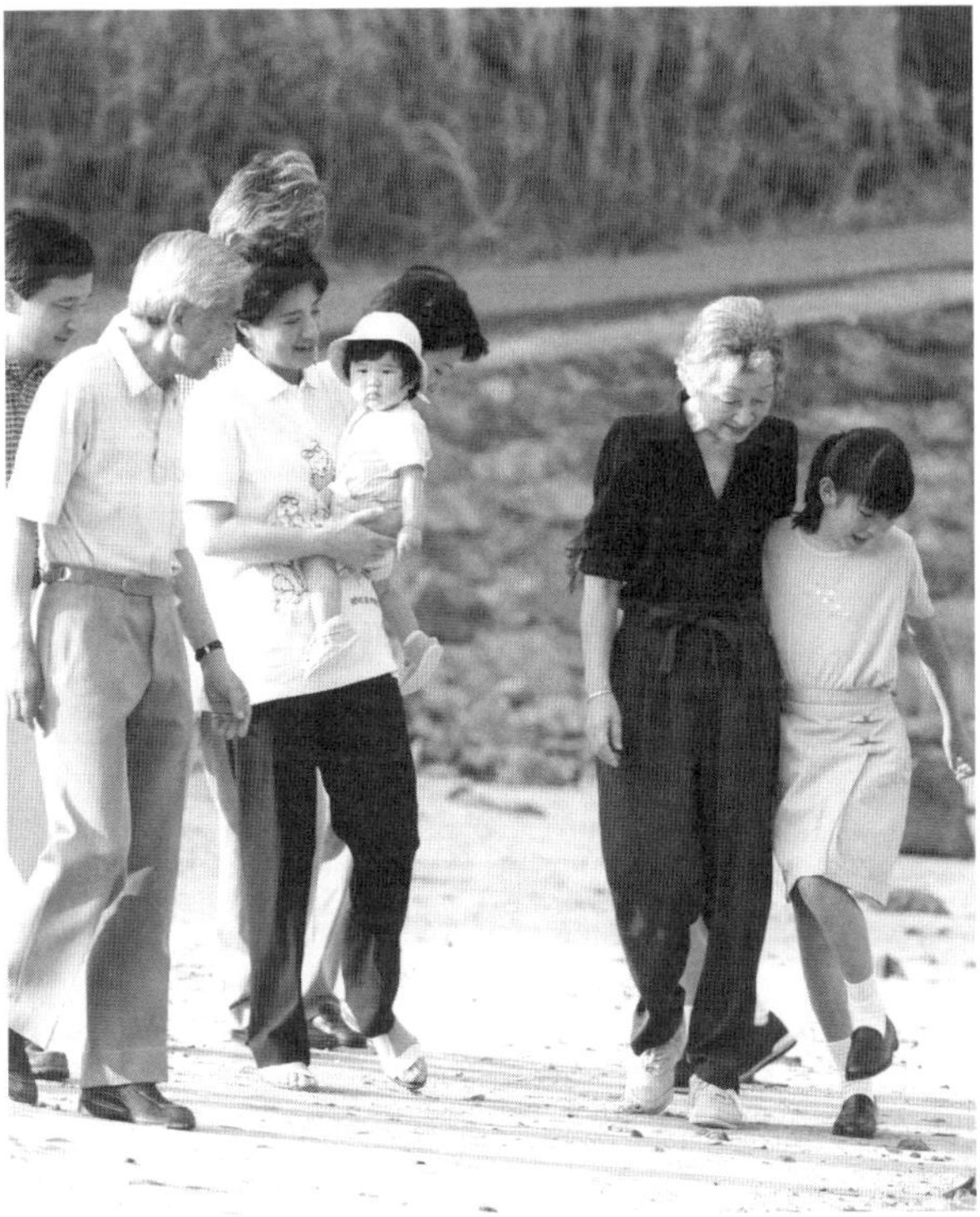

平成14年、皇太子ご一家、秋篠宮ご一家とともに須崎御用邸の三井浜を散策する天皇陛下と美智子さま（朝日新聞社提供）

「皇太子ご一家、秋篠宮ご一家とは最近ではどのような交流をされ、どんな思いで接しておられるか」との宮内記者会からの質問に対するご回答の一部。公務で多忙な日々を送られているだけに、4人の孫と過ごす時間は貴重なものであると考えられる。

また、特に平成23年10月には秋篠宮家の長女で、美智子さまにとって初めての孫である眞子さまが成年を迎えられるということもあり、感慨深いものがあったようだ。

これからの一年も、
今までと変わりなく、
人々のしあわせを願いつつ
過ごしていきたいと思います。

平成8年　お誕生日に際しての文書回答

平成8年9月、神奈川県の湘南国際村を訪れた天皇陛下と美智子さま（朝日新聞社提供）

平成8年10月、お誕生日に際して、これからの1年をどのように過ごしたいかとの質問に対するご回答。一見普遍的なお言葉にも見えるが、平成8年は北海道のトンネル事故やO－157による食中毒など、生活の安全が脅かされる出来事が多くあった。

公務のなかで目にするものは決していいものばかりでないだろう。そのなかで美智子さまは当たり前が当たり前ではなく、努力の賜物であることを示されているといえる。

毎日新聞 夕刊

昭和33年（1958年）11月27日（木曜日）

皇太子妃に決まった

美智子さんと語る

"大変な出来事ですが

根本は普通の結婚"

静かな姿に決意秘め

本社 清水記者

両陛下にごあいさつ

お二人 三ヵ月ぶりの対面

人生は肯定的に

殿下の誠実さに―

心からの信頼と尊敬

記者会見

皇居へ向う美智子さんの晴れ姿

皇太子さま皇居へ

全員一致で決定

皇室会議

宮内庁発表

いすゞ

トラック バス

ヒルマン

皇太子殿下のご婚約を心からお慶び申し上げます

お正月を控え

お部屋の新装に最適！

第3回オール敷物蔵ざらえ

応援セット特別奉仕

洋品雑貨総ざらえ

全店歳暮大売出し★クリスマスセール

大丸

―413―

昭和33年11月27日付の毎日新聞夕刊1面。皇室会議での皇太子妃決定を受け、大手紙は一斉に皇太子妃が正田美智子さんであることを報じた

第2章

内に秘めた強さ

時にはリスクもいとわない

私どもの生活には、
大切なことのためには、時として
リスクを冒さねばならないことも
あるのではないかと思っています。

平成10年　イギリス、デンマーク訪問前の記者会見

平成10年、デンマークのアンデルセン博物館を訪れ、出迎えた人たちに応える美智子さま（朝日新聞社提供）

天皇陛下と美智子さまは外国訪問が多い上、訪問後に体調を崩されることもあり、負担が重いのではないかとの質問に対するご回答。実際、平成9年のブラジル訪問後にも体調を崩されているため、周囲からは心配の声が上がっていた。

だが、ブラジルは日系人が多く住む国であり、訪問することについて天皇陛下は同じ会見で「当然の務め」だったと回答されており、こうしたお考えは美智子さまも共有されている。

恵まれた環境に育てられ、
私は人の善意を信じてきました。

毎日新聞（昭和33年11月27日）

聖心女子大学卒業式で卒業証書を持つ正田美智子さん。昭和32年撮影（朝日新聞社提供）

正田家に生まれ、カトリック系の聖心女子大学に通い、昭和33年にはベルギーで開催された「世界聖心同窓会」第1回世界会議の日本代表として出席されるなど、周囲からも慕われて育った美智子さま。

この言葉は皇太子さま（現・天皇陛下）との婚約が決まる前、毎日新聞の清水一郎記者に語ったもの。当時大手メディアは婚約が決定するまで、美智子さまに関する報道は控えており、婚約決定と同時に美智子さま関連の記事が掲載された。

こんどのことは、
たいへん大きな出来事には
違いありませんが、
普通の結婚と
根本では少しも変わりません。

毎日新聞(昭和33年11月27日)

昭和34年、結納に相当する「納采の儀」に臨まれる正田美智子さん、英三郎さん、富美子さん（朝日新聞社提供）

皇太子さま（現・天皇陛下）との婚約発表をされるまで、美智子さまは一般家庭の女性という立場から〝皇太子妃〟の立場への転換点に立たされていた。

婚約決定まで美智子さまに関する報道は控えられていたが、発表前から美智子さまが皇太子妃の有力候補であるという話はすでに広がりはじめていた。

この言葉は婚約発表前、毎日新聞の清水一郎記者に皇太子さまとの結婚について語ったものである。

37

理想の方

もし、私がどんな方と
ごいっしょになることになっても、
それはその方自身が、
ほんとうに私の結婚の理想に
あてはまる方だからということです。

昭和46年4月5日 「週刊朝日 増刊号」

皇太子さま（現・天皇陛下）の元を訪れた正田美智子さん。昭和33年、東京都渋谷区の東宮仮御所にて（朝日新聞社提供）

昭和33年11月3日、箱根の富士屋ホテルのロビーで朝日新聞の佐伯晋記者に対し、皇太子さま（現・天皇陛下）との結婚について、述べられた言葉。正田美智子さんの皇太子さまへの深い愛情がうかがえるひと言だ。写真は、東京都渋谷区にある東宮仮御所へ皇太子さまの元を訪れた正田美智子さんの様子を撮影した一枚。実に生き生きとしており、皇太子さまとの婚約が一般国民の知るところとなっても、堂々とした表情をされている。

献身的なお姿

よい家庭がつくれて、それが殿下の
ご責任とご義務をお果たしになるときの
なにかのお心の支えになり、
間接的な、ちいさなお手伝いとして
お役に立てばと心から望み
努力をしたいと思っております。

昭和33年11月27日　ご婚約発表後の記者会見

昭和33年、皇太子さま（現・天皇陛下）との婚約正式決定の日の朝に撮影された正田美智子さん（朝日新聞社提供）

昭和33年11月27日、民間人と皇族という立場の違いなど従来にない状況が多々あるなかで、皇太子さま（現・天皇陛下）と美智子さまの婚約が発表された。

この言葉は、記者会見で皇太子さまの印象について報道陣に質問された際に答えられたものである。美智子さまの献身的なお考えがうかがえる。

家柄にかかわらず、誠実にひとつの家庭をつくり、「夫」を支えるという妻としての目標をこう語られている。

39 私の指針

弱く、悲しむ人々の傍らに終生よりそった何人かの人々を知る機会を持ったことは、私がその後の人生を生きる上の、指針の一つとなったと思います。

平成16年　お誕生日に際しての文書回答

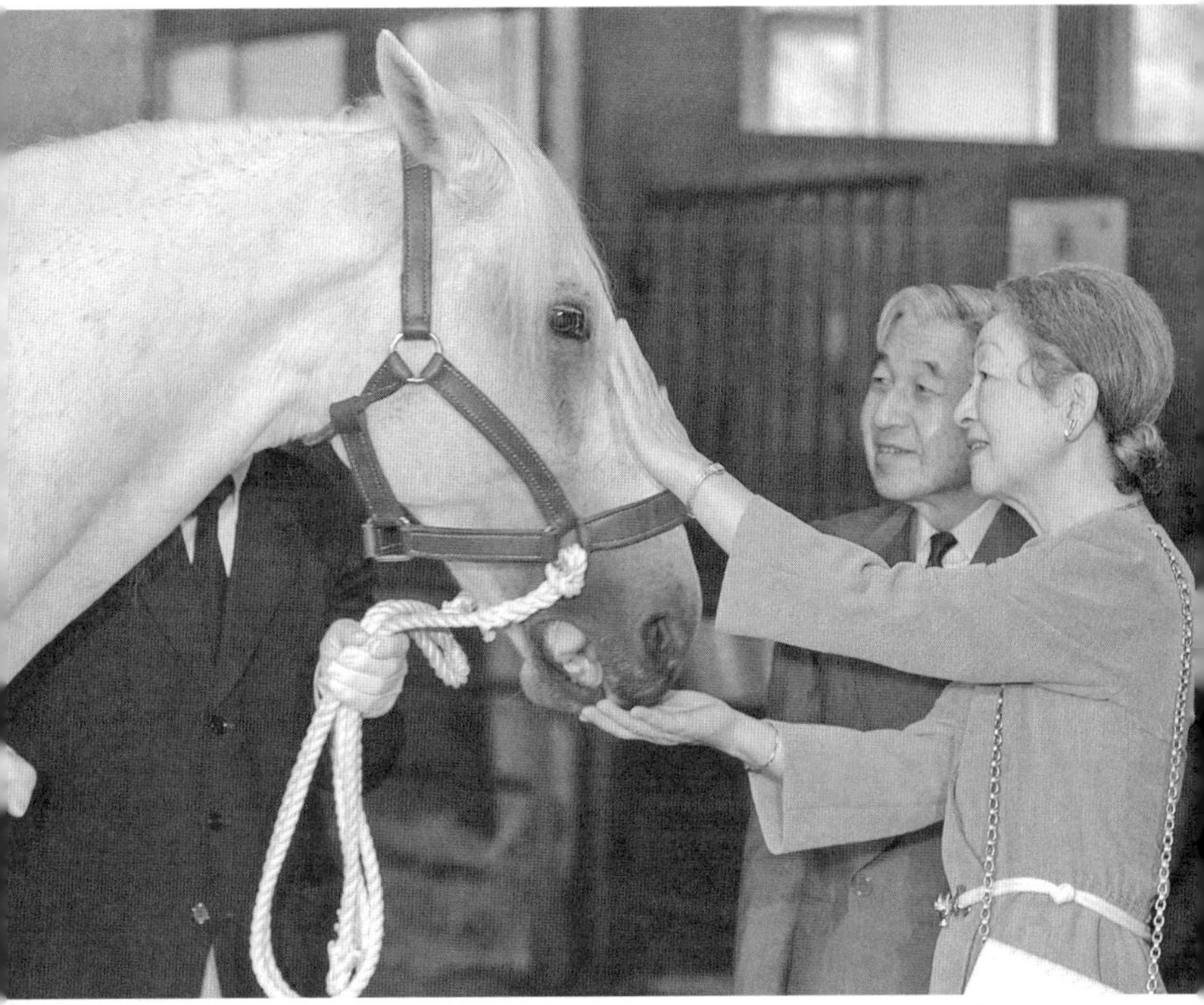

平成16年、伊勢神宮に神馬として贈られる「晴勇号」とお別れする天皇陛下と美智子さま（朝日新聞社提供）

平成16年、美智子さまが古希（70歳）を迎えられた際のお言葉。

皇太子妃としての30年弱と皇后としての16年間と、半世紀近く皇室を支え国民と向かい合い続けた。様々な公務の裏側で、計り知れない葛藤と苦悩を乗り越えてきたことだろう。人々の苦楽に心を寄せ続けた日々を、こう語られている。

美智子さまは、出会った人々に対して一様に敬意を払い、よいと思われたことは素直に発言され、そして実践されている。

己との戦い

こうした不条理は決してたやすく受け止められるものではなく、当初は、ともすれば希望を失い、無力感にとらわれがちになる自分と戦うところから始めねばなりませんでした。

平成23年　お誕生日に際しての文書回答

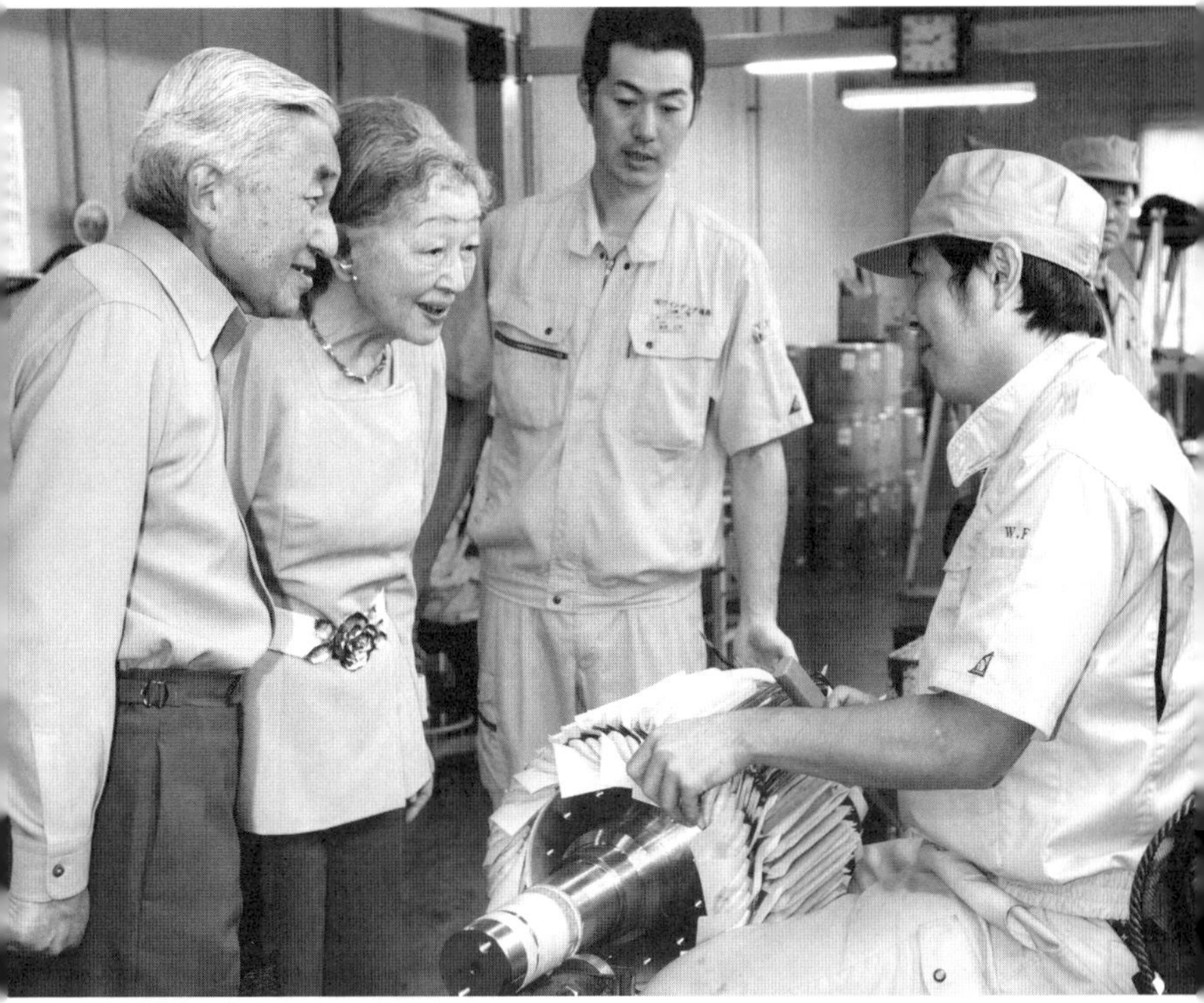

平成23年、被災により福島から千葉へ移転した工場で、支援状況や製造工程を視察される天皇陛下と美智子さま（朝日新聞社提供）

平成23年3月に起きた東日本大震災。その被災地を慰問された際にどのようにお感じになったかとの質問に、こうお答えになった。

大きな災害が起こると、天皇陛下と美智子さまは必ず現地に足を運ばれ、避難者、被災者の方をお見舞いになられている。東日本大震災の時には、震災直後の3月末から5月にかけて、7週連続で被災地をご訪問された。大きく被害を受けた岩手県、宮城県、福島県のほか、千葉県、茨城県にも足を運ばれている。

陛下のお側で人々の幸せを
祈るとともに、幼い者も含め、
身近な人々の無事を祈りつつ、
国や社会の要請に
こたえていきたいと思います。

平成16年　お誕生日に際しての文書回答

平成16年、沖縄戦没者墓苑で献花を終えた天皇陛下と美智子さま（朝日新聞社提供）

平成16年10月20日に古希（70歳）を迎えられた美智子さま。お誕生日に際して宮内記者会から、天皇陛下と結婚されてからの45年で印象に残った出来事を問われ、陛下の側で行った様々な公務は決して容易なものばかりではなかったが、その一つひとつが私にとり必要な経験であったことがわかるなどと語られた後に、最後にこう述べられた。

様々な部署の職員に対しても、「地味に、静かに、私を支え続けてくれました」とおっしゃられている。

被災者に思いを寄せ

今ひとたび立ちあがりゆく村むらよ
失《う》せたるものの面影の上《へ》に

平成24年　東日本大震災の被災地を訪問した際に詠まれた歌

平成23年、東日本大震災の避難所となっていた岩手県宮古市の宮古市民総合体育館を訪問され、被災者に声をかける天皇陛下と美智子さま（共同通信社提供）

天皇陛下と美智子さまは、平成24年に宮城県、長野県、福島県の被災地を訪問され、東日本大震災等の被災者を見舞い、支援者にねぎらいの言葉をかけられた。東日本大震災の被災地訪問は、前年に引き続いてのものである。

この歌は、地震と津波により失われた人命、家、周囲の自然など、その全てを面影として心に抱きつつ、今一度復興に向けて立ち上がろうとしている被災地の人々に思いを寄せて詠まれたものである。

妃の使命感

自分の病気が国のための
殿下の務めの妨げになっては。

朝日新聞(平成16年10月20日)

昭和61年、退院した美智子さまを出迎える皇太子さま（現・天皇陛下）、紀宮さま（現・黒田清子さん）、礼宮さま（現・秋篠宮さま）（朝日新聞社提供）

昭和61年、美智子さまは手術を受けることになった。

その手術が行われる頃には米国訪問と、それに続いて韓国訪問が予定されていたが、訪米は翌年に延期、訪韓は残念ながら中止せざるを得ない状況となってしまった。

それでも、ぎりぎりまで訪問延期に難色を示していたといわれる美智子さまのこのお言葉からは、公務に対する強い責任感や陛下への献身と、妃としての使命感があらわれている。

皇室も時代と共に存在し、
各時代、伝統を継承しつつ変化しつつ、
今日に至っていると思います。
この変化の尺度を量れるのは、
皇位の継承に連なる方であり、
配偶者や家族であってはならないと
考えています。

平成6年　お誕生日に際しての文書回答

平成6年、新年用の写真撮影でおそろいになった天皇ご一家（朝日新聞社提供）

皇室に新しい息吹を加えてきた天皇陛下と美智子さま。

美智子さまが還暦を迎えられた平成6年、「陛下とおふたりで新しい風を吹き込まれたという意見も聞かれますが？」と問われ、こう答えられている。

また、美智子さまはこれに続けて「きっと、どの時代にも新しい風があり、また、どの時代の新しい風も、それに先立つ時代なしには生まれ得なかったのではないかと感じています」とも述べられている。

どちらかと言うと遠くから
見守っていてくれます。
節度を保っていきたいという
家族の気持ちは、
寂しくても大切にしなくては
なりません。

昭和61年　お誕生日に際しての記者会見

一般家庭の出身者として初めて皇太子妃となった美智子さま。周囲の環境が大きく変化し、その身の上には様々なご苦労があった。

なかでも皇族という身分となったゆえ、公務で忙しい日々を送られるようになり、ご家族（正田家）に会う機会がほとんどなくなってしまったことは、寂しいことであられただろう。

この言葉は皇室に入られてから30年近くが経った昭和61年のお誕生日の際、ご家族への本当の気持ちをお話しされたものである。

昭和61年、東宮御所の庭で、紀宮さま（現・黒田清子さん）と歓談する美智子さま（朝日新聞社提供）

出されたお食事は
全部いただかなければ
いけません。

『AERA』(平成18年3月6日号)

浩宮さま（現・皇太子さま）を中心に親子のひとときを過ごされる皇太子さま（現・天皇陛下）と美智子さま。昭和37年撮影（共同通信社提供）

天皇陛下と美智子さまは、それまでの皇室の慣習と異なり、ご自分のもとで3人のお子さまを育てられた。当然、3人とも同じように愛情を注がれていたが、長男の浩宮さまは〝将来の天皇〟であることから、比較的しつけは厳しかった。

この言葉は、美智子さまが浩宮さまに対するしつけの一環でおっしゃったひと言である。食事を残したり、行儀が悪かったりすると、両陛下は食堂の外の廊下に立たせたこともあったという。

思い出を白樺に託して

この白樺を
わたくしだと思ってください。

浜尾実『美智子さま　心にひびく愛の言葉　……そのとき、こうおっしゃられた』（青春出版社）

昭和38年、日光を訪れた際に白樺林を散策される皇太子さま（現・天皇陛下）と美智子さま（朝日新聞社提供）

皇族の方々は、身の回りの様々な品にあしらわれる「お印」をもっている。美智子さまは白樺であるが、これは皇太子さま（現・天皇陛下）がもともとお好きだったことによるという。また、白樺はおふたりが出会ったテニスコートのある軽井沢に見られるもので、「思い出の木」でもあるのだ。美智子さまはご婚約が内定した頃、品川区にあるご実家の庭に自ら白樺の木を植えたのだという。この言葉は、その時にご家族に向けられたものである。

旅を通じて得たもの

これからも私たちは、日本の各地の人々の生活を知るために、これまでどおり公的な旅を続けていきたいと思っています。

平成14年　ポーランド、ハンガリー訪問前の記者会見

平成14年、ハンガリーのブダ王宮を訪問され、歓迎に集まった人たちに応える天皇陛下と美智子さま（朝日新聞社提供）

「ヨーロッパの多くの王室は、私的な旅行など『自由な』生活様式を楽しんでいるが、どのような生活様式をお望みか」という、在日外国報道協会からの質問に対するご回答の一部。

両陛下はご結婚以来、ほとんどの旅が公的なものであったのだが、美智子さまは「疲れを感じることもありますが」としながらも、公的な旅は人々と笑顔を交わし合うことができ、「疲れを上回る喜びを与えてくれていました」と述べられている。

美智子さまの言葉 49 期待のなかで生きる厳しさ

一つの立場にある厳しさをことごとく感じる日々にあっても、私がそれをプレッシャーという一つの言葉で認識したことは無かったように思います。

平成19年　スウェーデン、エストニア、ラトビア、リトアニア、英国訪問前の記者会見

平成19年、スウェーデン政府主催の午餐会場に到着された美智子さま（朝日新聞社提供）

外国メディアの記者による、「世界各国の王室に対するマスコミや世間のプレッシャーや期待感が大きいが、今までで直面した最も厳しい挑戦や期待はどのようなものか」という質問に対するご回答。

美智子さまは日本全体が敗戦からの復興への道を歩んでいた時代に若い頃を過ごされており、「ある意味で社会がプレッシャーを共有し、これを当たり前に感じていた時代であったのかもしれません」と前置きしたうえで、こう述べられた。

人生は好きです。
楽しいと思います。

毎日新聞（昭和33年11月27日）

昭和33年、『アサヒグラフ』のグラビアページに掲載された、ラケットを手にした正田美智子さん（朝日新聞社提供）

昭和33年11月27日、皇太子さま（現・天皇陛下）の妃を決める皇室会議が開かれ、満場一致で美智子さまに決定した。

この言葉は皇室会議が開かれる前に、毎日新聞の清水一郎記者に語ったものである。婚約発表以前は、多くのメディアに追いかけられる日々を送られていた美智子さま。そのため、清水記者に対し「苦しかった」とも語られているが、そのようななかでも、人生観は前向きであり続けたことがうかがえる。

理想は曲げない

私はこれまで
私なりに結婚の理想や、
理想の男性像というものを
もってきました。

昭和46年4月5日「週刊朝日　増刊号」

テニスコートのベンチで語らう皇太子さま（現・天皇陛下）と正田美智子さん。昭和33年撮影（朝日新聞社提供）

皇太子さま（現・天皇陛下）との婚約発表前である昭和33年11月3日に朝日新聞の佐伯晋記者に語ったひと言。この日、長期間にわたる海外旅行から帰国した正田美智子さんは、正田家の「家族会議」に参加するため、箱根の富士屋ホテルにおり、そこに居合わせた記者に語ったものである。

皇太子さまと結婚するために自分の理想の男性像を曲げたのではなく、皇太子さまこそが理想の男性であると、記者に念を押したという。

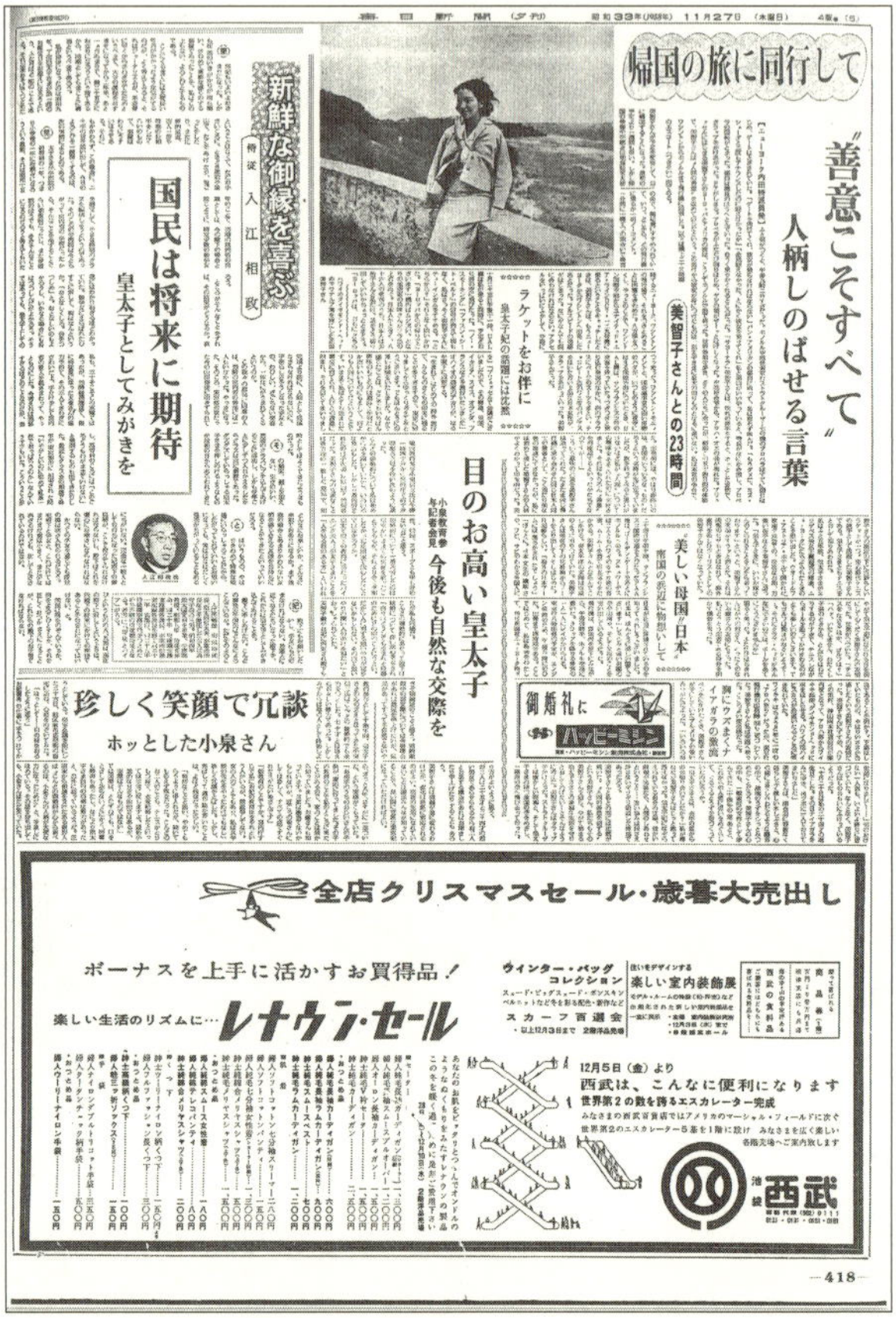

毎日新聞（夕刊）　昭和33年（1958年）11月27日（木曜日）　4版（6）

帰国の旅に同行して

"善意こそすべて"

人柄しのばせる言葉

美智子さんとの23時間

新鮮な御縁を喜ぶ

侍従　入江相政

国民は将来に期待

皇太子としてみがきを

ラケットをお伴に

皇太子妃の話題には沈黙

目のお高い皇太子

小泉教育参与記者会見　今後も自然な交際を

美しい母国"日本"

帝国の歌声に物想いして

珍しく笑顔で冗談

ホッとした小泉さん

—418—

昭和33年11月27日付の毎日新聞夕刊6面。この日の夕刊と翌日の朝刊は皇太子さま（現・天皇陛下）ご婚約関連の記事一色だった

第3章

自ら学び、育てる

自分にできることとは

かつて自分が本から受けた恩恵に対し、
今も私が深い感謝を抱いていることを
お伝えし、世界のあちこちで、
今日も子どもと本を結ぶ仕事に
携わっておられる方々に、
その仕事への評価と、
感謝をお伝えすることではないかと気付かされました。

平成14年　スイスで開催された国際児童図書評議会の創立50周年記念大会での挨拶

平成14年、国際児童図書評議会に出席するためスイスのバーゼル大学図書館を訪れた美智子さま（朝日新聞社提供）

美智子さまが国際児童図書評議会の活動とつながりを持たれたのは80年代の終わり頃のこと。子どもたちに本を手渡す運動に理解を示し続け、90年には詩人のまど・みちお氏の詩の英訳を手がけられたこともあった。名誉総裁に推され、大会へ招かれた時にはご自身はそれにふさわしい資格に欠くと思い、ためらわれたが、自分の役割を考えた末こう語られた。なお、皇后の地位におられる方が単独で外国を訪問されるのはこれが初である。

日本の神話や伝説の本は、非常にぼんやりとではありましたが、私に自分が民族の歴史の先端で過去と共に生きている感覚を与え、私に自分の帰属するところを自覚させせました。

平成14年　スイスで開催された国際児童図書評議会の創立50周年記念大会での挨拶

平成14年、国際児童図書評議会出席のため、成田空港からスイスに出発する美智子さま（朝日新聞社提供）

平成14年に、スイスのバーゼル市コングレス・センターで開催された国際児童図書評議会の創立50周年記念大会におけるご挨拶の一部。

美智子さまは戦時中の頃のご自身のことを振り返られ、「身近にほとんど本を持たなかったこの時期、私が手にすることのできた本はわずか4、5冊にすぎませんでした」と語られている。この言葉に出てくる日本の神話や伝説の本は、その4、5冊に含まれていたという。

美智子さまの言葉 54 それぞれの皇室を

あれこれ希望することは、
これからお上がりになる方に
一つの決まった枠を
与えるようなことになるので、
控えたく思います。

昭和53年　お誕生日に際しての記者会見

テニスをした後に談笑される皇太子（現・天皇陛下）ご一家。昭和53年撮影（朝日新聞社提供）

昭和53年10月のお誕生日の際、この2年後に成年を迎えられる浩宮さま（現・皇太子さま）の結婚について質問され、このように述べられた。

浩宮さまの結婚はすなわち「お世継ぎ」に関わることでもあるため、世間の関心を集めるのはある意味で当然のことではあろうが、「次世代の皇后」としての立場や、浩宮さまへの思いなど、美智子さまご自身の発言が及ぼす影響を考慮して、こう述べられたと考えられる。

55 悠仁さまへの思い

悠仁はまだ本当に小さいのですから、今はただ、両親や姉たち、周囲の人々の保護と愛情を受け、健やかに日々を送ってほしいと願うばかりです。

平成18年　お誕生日に際しての文書回答

平成18年、皇居内の御所を訪れた秋篠宮さま、紀子さま、悠仁さま（朝日新聞社提供）

平成18年9月6日、秋篠宮家の長男・悠仁さまが誕生した。このお言葉は悠仁さま誕生からまだ間もない平成18年10月に発表された美智子さまのお誕生日に際しての文書回答からのものである。悠仁さまの成長への願いについて宮内記者会より質問され、こう述べられた。

また、紀子さまのご懐妊中は部分前置胎盤であったため、無事に出産されるまで美智子さまは大変心配されていたこともこの会見で明かされている。

子育て論

叱らなくてはいけないときは、ちゃんと叱ってください。

浜尾実『美智子さま　心にひびく愛の言葉　……そのとき、こうおっしゃられた』（青春出版社）

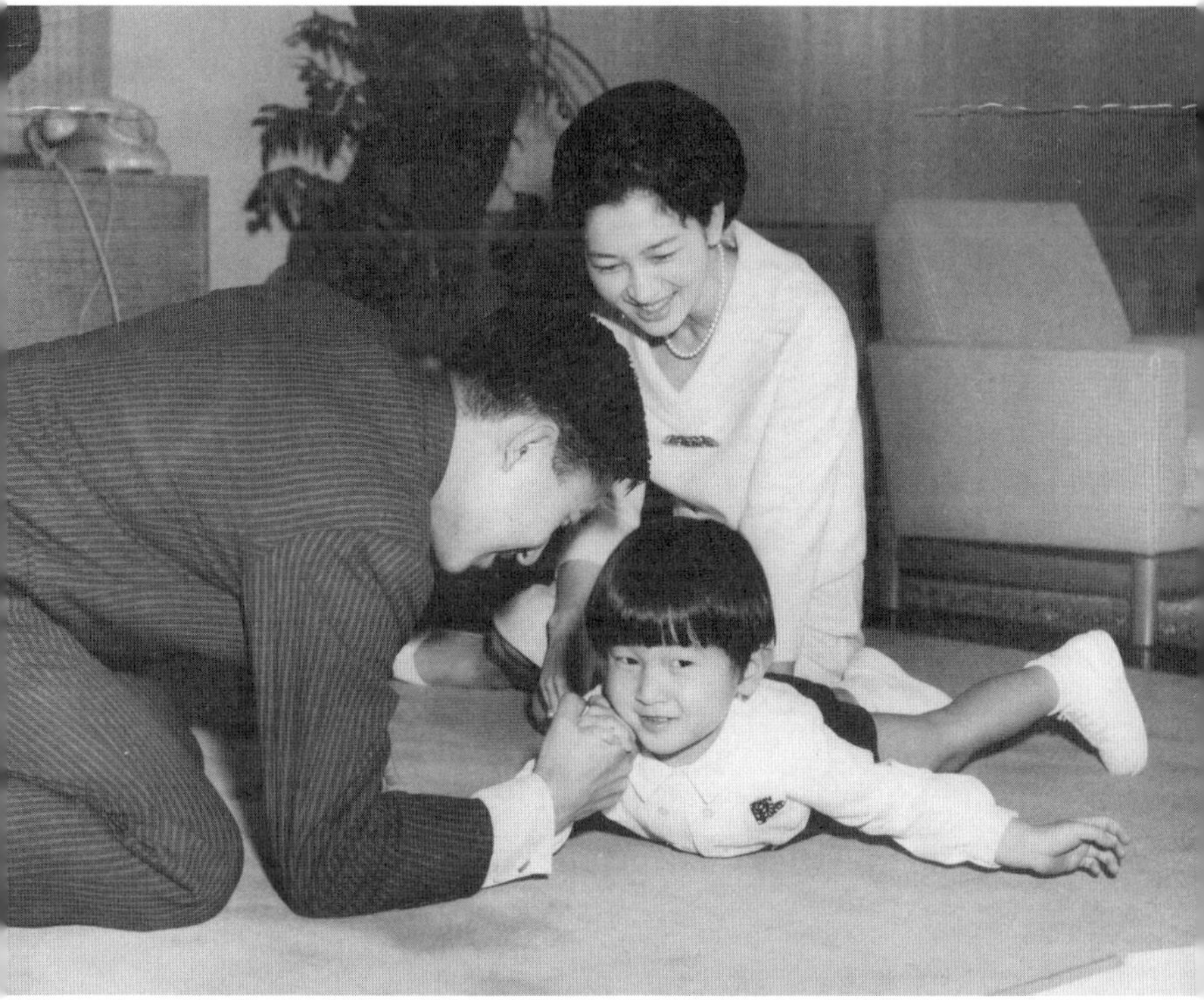

美智子さまが見つめるなかで、腕相撲をする皇太子さま（現・天皇陛下）と浩宮さま（現・皇太子さま）。昭和39年撮影（朝日新聞社提供）

浩宮さま（現・皇太子さま）の幼少時の教育係を担当していた浜尾実氏が美智子さまから言われたひと言。天皇陛下と美智子さまは浩宮さまの教育にあたり、第一に、「人として立派になるように」と望まれた。たとえば、優しく思いやりがあり、創造力があり、努力を惜しまない人である。そのような人になることで周囲から信頼される人になるとお考えになっていた。ちなみに、浜尾氏は浩宮さまから「オーちゃん」の愛称で慕われていたという。

57 次世代への思い

今はただ、皆ができるだけ人生を静かな目で見、穏やかに、すこやかに、歩いていってほしいという願いを伝えたいと思います。

平成16年　お誕生日に際しての文書回答

平成27年11月、天皇陛下、美智子さまと一緒に秋の園遊会に出席された皇族の方々（朝日新聞社提供）

平成16年のお誕生日に際し、宮内記者会からの、皇太子さまをはじめとする次世代の若い人たちへの願いは、という質問にこうお答えになる美智子さま。

回答時から約45年前のことではあるが、昭和34年のご成婚の日に沿道の人々から受けた温かい祝福を、感謝とともに思い返すことがよくあるそうだ。

美智子さまには、皇室・国民の歴史に傷は残せぬと、時代の要望に応えていこうとする気持ちが常にあったという。

あまり歴史は好きではなかったのです。でも、やってみると興味がでて、やはりローマ、ギリシャまでさかのぼって勉強しないと。

『週刊女性』昭和41年12月17日号（共同通信社記者・浜田寛による寄稿）

毎年1月に皇居で行われる「講書始の儀」の様子。平成27年撮影（共同通信社提供）

昭和41年頃の美智子さまは、皇室での暮らしのなかで、皇太子妃としての日課であるご進講（講義）を受講されていた。

ご進講とは、皇族の方々に学者等が業績などを説明するもので、毎年1月には皇族の方々が宮殿に集まり、ご進講を受けられる「講書始の儀」がある。

この頃ご進講では、語学や日本史を学ばれていたが、それとは別に、ご自身でも積極的に東洋、西洋思想史も勉強していたという。

実情を知る

いろんなことを、
わたくしは知らないのです。
まず、実情を
知りたいと考えて……。

『週刊女性』昭和41年12月17日号（共同通信社記者・浜田寛による寄稿）

昭和41年12月に、美智子さまが地方へ出向き、社会福祉施設などを訪問していた際に、当時宮内記者だった浜田寛氏に語ったお言葉。

福祉の実状を知ろうと東京育成園で養護園児の子どもたちに優しく語りかける美智子さまのお顔は優しさに満ちている。この時期は旅行で訪問された青森や東宮御所の会合などでも、保育所で働く人々の話を熱心に聞かれていたという。福祉に限らずこうした「実情を知る」姿勢は皇后となった今日に至るまで変わっていない。

昭和41年、福祉の実状を知ろうと東京育成園で養護園児たちに語りかける美智子さま（朝日新聞社提供）

人のあり方や行為が、
時として、外からは
測ることの出来ない思いに
支えられていることを知り、
驚くことがあります。

美智子さまが著した絵本『はじめての　やまのぼり』（至光社）序文

昭和54年、登山をしに訪れた軽井沢の石尊山頂上で展望を楽しむ皇太子（現・天皇陛下）ご一家（朝日新聞社提供）

浩宮さま（現・皇太子さま）がまだ幼かった頃、美智子さまは自ら童話をつくり、読み聞かせをされていた。そうした自作の童話のなかから、平成3年には、長年手許に置いていたお話を絵本として出版された。

題名は『はじめての　やまのぼり』。この本の冒頭にあるご本人のお言葉からは、自身の立場についての気づきともとれるお言葉が書かれている。童話を読み聞かせていくなかにおいて、自分自身にも語りかけておられたのかもしれない。

61

自覚が成長へつながる

新しい経験を通し、少しずつ
成年皇族として育っていく姿を
うれしく見て参りました。
これからは立場への自覚が
礼宮を育てていくと思います。

昭和61年　お誕生日に際しての記者会見

皇太子さま（現・天皇陛下）と美智子さまを囲み、歓談する礼宮さま（現・秋篠宮さま。右端）と紀宮さま（現・黒田清子さん。左端）。昭和59年撮影（朝日新聞社提供）

昭和61年、52歳のお誕生日の記者会見で、記者団に印象に残ったことについて聞かれた際、美智子さまは次男である礼宮さま（現・秋篠宮さま）が成年に達して、公的な行事に出席されるようになったことを挙げられた。

そして、このお言葉は我が子を思う発言であると同時に、民間人から皇室に入った美智子さまの体験からくるお言葉とも言えるだろう。前向きな姿勢と同時に、美智子さまの強さが伝わってくる。

62

生命を預かる者へのねぎらい

母と子の二つの生命を預かる
この意義深い天職にある方々が、
これからも社会への貢献を
果たされることを期待します。

昭和62年　東京・九段会館で開催された日本助産婦会創立60周年記念式典での挨拶

昭和63年、全国赤十字大会に名誉総裁の香淳皇后の名代で出席するため、会場を訪れた美智子さま（朝日新聞社提供）

美智子さまは、日本赤十字社の名誉総裁を務めるなど、医療や福祉への関心が高いことで知られる。

昭和62年5月、日本助産婦会（現・日本助産師会）の創立記念式典に、それまで同会の大きな節目の際に出席されていた香淳皇后に代わり、はじめて皇太子妃（当時）の美智子さまが出席された。香淳皇后の〝後継〟として、皇太子妃として、また、子をもつ一人の母として、助産婦の方々に対するねぎらいのお言葉を、こう語られている。

牧の道銀輪の少女ふり返り
もの言へど笑ふ声のみ聞こゆ

平成17年　高根沢町の御料牧場を訪れた際の様子を詠まれた歌

平成17年、栃木県塩谷郡高根沢町にある御料牧場内の温室を訪れた天皇陛下、美智子さま、紀宮さま（現・黒田清子さん）（朝日新聞社提供）

この歌は、平成17年3月に詠まれたもの。

栃木県塩谷郡高根沢町にある御料牧場にいらした際の一コマである。自転車でずっと先を行かれた内親王さま方が、振り返って何かを告げようとしておられるが、言葉が定かにはわからず、ただ楽しげな声だけが届いてくる様子を、こう表現された。美智子さまの言葉の選び方は、とても機知に富んだものが多いが、自転車を「銀輪」と表現しているこの歌もその一つといえるだろう。

儚《はかな》いものへの愛《いと》おしさ

幼な児の草ふみ分けて行きし跡
けもの道にも似つつ愛《かな》しき

平成12年　眞子さま、佳子さまが遊んでいる様子を詠まれた歌

平成12年の新年用写真の撮影時に、眞子さま、佳子さまの様子を見守る天皇ご一家（朝日新聞社提供）

秋篠宮家の眞子さまと佳子さまが、皇居内にある御所の庭で遊んでいる様子をご覧になって、美智子さまが詠まれた歌。

平成12年、眞子さまと佳子さまはそれぞれ9歳と6歳で、折に触れて御所に遊びに来られていた。当時は背丈もまだまだ小さく、背の高い草をかき分けて2人の孫が通った後の様子を思い起こさせ、美智子さまは小さく、傷つきやすいものへの愛おしさをおぼえられ、このように詠まれた。

母吾《われ》を遠くに呼びて走り来《こ》し
汝《な》を抱《いだ》きたるかの日恋ひしき

平成17年　紀宮さま（現・黒田清子さん）が結婚された際に詠まれた歌

平成17年11月15日、黒田夫妻の披露宴会場入りを拍手で迎える天皇陛下と美智子さま（朝日新聞社提供）

これは平成17年11月、紀宮さま（現・黒田清子さん）が、東京都職員で秋篠宮さまの学習院初等科時代からのご学友でもある黒田慶樹さんとご結婚された際に、美智子さまが詠まれた歌である。

この歌が詠まれた年からさかのぼること36年前の4月、太陽の光が白樺の葉を通してくるような日に生まれ、やがて遠くから母の名を呼び、走ってくるまで成長した我が子を抱きしめた日のことを懐かしんでおられる。

美智子さまの言葉 66 子ども時代の読書

（子ども時代の読書は）
ある時には私に根っこを与え、
ある時には翼をくれました。

平成10年　第26回国際児童図書評議会ニューデリー大会のビデオテープによる基調講演

昭和15〜16年の頃の幼稚園時代の正田美智子さん（朝日新聞社提供）

平成10年に開催された第26回国際児童図書評議会ニューデリー大会に基調講演者としてビデオで参加された美智子さま。

講演「子供時代の読書の思い出」では児童文学と平和の本質的な根底について述べ、自身が子どもの本の世界と深く長く関わり築き上げた幼少時代について、このように語られた。

ちなみに、美智子さまはこの講演を現地で直接行う意思があったといわれているが、スケジュールの都合などで実現は叶わなかった。

子どもたちが、どうかその心の支えとなる絵本に巡り会ってほしい。

平成14年　スイスで開催された国際児童図書評議会の創立50周年記念大会での挨拶

平成14年、国際児童図書評議会創立50周年記念大会で名誉総裁として登壇する美智子さま（朝日新聞社提供）

経済的・社会的な要因により、本ばかりか文字からすらも遠ざけられている子どもたちや、紛争の地で生活する子どもたちがあまりにも多いことに、美智子さまは胸を塞がれている。

美智子さまご自身も第二次世界大戦の末期、疎開先で読んだ本から他国理解への道を説いてもらった経験があることから、子どもたちの内にひそむ大きな可能性を信じてほしいと語られている。

ご自身もまた、本に支えられて生きてこられたのだ。

浩宮の人柄の中に、
私でも習いたいというような
美しいものを見出しています。

昭和49年　お誕生日に際しての記者会見

昭和44年、庭で浩宮さま（現・皇太子さま）の工作を見守る皇太子（現・天皇陛下）ご一家（朝日新聞社提供）

かつて美智子さまの浩宮さま（現・皇太子さま）への教育に関して、「ナルちゃん憲法」を教育係に渡し、一貫した教育方針を示されたことが話題となった。ナルちゃんの〝ナル〟は、「徳仁（なるひと）さま」から来ている。こうした背景もあり、浩宮さまは幼少の頃から母の期待に応えながら模範的な人間として成長し、現在は皇太子としてその務めを果たされている。そのような浩宮さまについて美智子さまは40歳のお誕生日の会見でこう述べている。

69 音楽に心を委ねて

気がついた時には、
音楽が自分にとって、好きで、
また、大切なものとなっていた
ということでしょうか。

平成19年　お誕生日に際しての文書回答

平成27年8月27日、群馬県の草津音楽の森で開催されたワークショップに参加する美智子さま（朝日新聞社提供）

平成27年8月に、第36回草津夏期国際音楽アカデミー＆フェスティヴァルを訪問された天皇陛下と美智子さま。

美智子さまはフェスティヴァルに参加している海外の音楽家らのアンサンブル練習にもピアノの演奏者として参加している。この時は、イタリア出身のソプラノ歌手の歌声に合わせ、リヒャルト・シュトラウスの歌曲「あした」の演奏を披露された。演奏の合間には英語で言葉を交わされる場面もあったという。

両親の姿

嫁ぐ朝の母の無言の抱擁の思い出と共に、
同じ朝
「陛下と殿下の御心に添って生きるように」と
諭してくれた父の言葉は、
私にとり常に励ましであり指針でした。

平成26年　お誕生日に際しての文書回答

平成26年、傘寿のお誕生日を迎えるにあたり撮影された皇居・宮殿での美智子さま（朝日新聞社提供）

昭和34年、初の一般家庭出身の皇太子妃となった美智子さま。結婚される日の朝、自宅の前で涙を浮かべて見送られた母・富美子さんの姿は有名である。

それから半世紀以上経った平成26年、傘寿《さんじゅ》（80歳）を迎えられた美智子さまは、生を与えてくれたご両親についてこう振り返った。特に父・正田英三郎さんから贈られた言葉を「指針」と表現しているように、その存在は美智子さまにとって皇后となった今でも偉大なものであろう。

71 目指す女性像

素直でやさしい女性に
育ってほしい。
結婚までは皇族として
生活させていただくのだから、
それに応えるような人に
なってほしいと思います。

浜尾実『美智子さま　心にひびく愛の言葉　……そのとき、こうおっしゃられた』(青春出版社)

満40歳のお誕生日を迎えられた際の美智子さま。昭和49年撮影（朝日新聞社提供）

これは、紀宮さま（現・黒田清子さん）が誕生された直後のお言葉である。

天皇陛下と美智子さまの間には、皇太子さま、秋篠宮さまと紀宮さまの3人のお子さまがおられる。上の2人が男の子だったために、女の子の誕生は喜びもひとしおだったといわれている。

紀宮さまがご結婚されるまで一緒に暮らしていたため、お子さま方の中では最も一緒にいる時間が長かった。紀宮さまの存在は、特に心の支えになっておられたといわれている。

特別扱いは望まない

ほかのお弟子さんと
同じように扱ってください。

渡邉みどり『日本人でよかったと思える　美智子さま38のいい話』(朝日新聞出版)

紀宮さまが中学生の頃、庭でミカン狩りをする皇太子(現・天皇陛下)ご一家。昭和57年撮影(朝日新聞社提供)

美智子さまはそれまでの皇室の慣習とは違って3人のお子さまたちをご自分の手で育てられてきた。

そのため、「人として立派になるように育ててください」とご養育係の方にもおっしゃったという。この言葉は長女の紀宮さま(現・黒田清子さん)が中学1年生から日本舞踊を始められた時に、教室にお伝えになられたものである。内親王は結婚すると「一般人」となることもあり、早くから一般の人々と同じ感覚を体験させたかったのだろう。

生活にささやかな音楽を

音楽も、ささやかにであれ
続けていかれれば、
どんなに嬉しいでしょう。

平成11年　お誕生日に際しての文書回答

平成25年、草津夏期国際音楽アカデミー＆フェスティヴァルを訪問し、ピアノを演奏される美智子さま（朝日新聞社提供）

公務以外でなされることについての質問に対して、右のように回答された。

美智子さまは多くのクラシックのコンサート鑑賞にお出かけになっているが、ご自身でも、ステージ上でピアノの演奏を披露されたことが何度もある。

平成27年にも、静養中に草津夏期国際音楽アカデミー＆フェスティヴァルに演奏者として出演されており、日々の公務で忙しいなかでも見事な演奏を披露され、共演した音楽家からその腕前を称賛されている。

鋏《はさみ》や鎌《かま》などの道具の使い方や、
使う時の力の入れ加減、
抜き加減などを教えることが、
私にはとても楽しいことに
感じられます。

平成14年　お誕生日に際しての文書回答

平成11年、須崎御用邸の三井浜を散策する天皇ご一家（朝日新聞社提供）

秋篠宮家の眞子さま、佳子さまと過ごされている時についての質問に対する美智子さまのご回答。

天皇陛下は皇居にある生物学研究所の庭にある田んぼや畑で陸稲と粟あわをつくられており、こうした取り組みは昭和天皇の時代から続いている。

そして、毎年育てている作物の収穫の時期になると、当時小学生だった眞子さまと佳子さまは手伝いに来ていたようで、これはその時のことを思い出されているものだ。

75 喜びのなかの緊張感

初《うひ》にして身ごもるごとき面輪《おもわ》にて
胎動《たいどう》を云ふ月の窓辺《まどべ》に

平成18年　秋篠宮妃紀子さまご懐妊の様子を詠まれた歌

平成18年、出産のため入院中の秋篠宮妃紀子さまのお見舞いに愛育病院を訪れた天皇陛下と美智子さま（朝日新聞社提供）

平成18年2月に、秋篠宮妃紀子さまのご懐妊が発表された。

この歌は、第三子とはいえ久々のご懐妊であったため、あたかも初めてのお子さままであるかのような少し緊張した表情で、紀子さまが美智子さまに胎動を告げられる様子を詠まれたものであり、その状況がよく伝わってくる。

その後、同年9月6日に皇室にとって41年ぶりとなる男子で、秋篠宮家の長男・悠仁さまが誕生した。

76 各国に思いを馳せて

新しい国から大使を
お迎えするとき、
よく地図でその国の
場所を確かめました。

平成21年　天皇陛下御即位20年に際して

平成21年、即位20年を祝う国民祭典で、祝賀の歓声にちょうちんを振って応える天皇陛下と美智子さま（朝日新聞社提供）

平成21年11月、天皇陛下御即位20年に際しての記者会見にて、美智子さまはこの20年を回想された。

平成の時代は、ベルリンの壁の崩壊や、ユーゴスラビアの分裂などでたくさんの新しい国が誕生したのと時を同じくして始まった。こうしたなか、美智子さまは新しい国から大使を迎える時、その国について理解を深めようとされていた。天皇陛下とともに日本と世界の橋渡し役として、心を配られていることがよくわかる言葉である。

美智子さま作の絵本、『はじめての やまのぼり』（至光社、平成3年）

第4章

揺るぎない平和への思い

異文化理解の要

少しでも多くの人が、
相手の国に友人と呼ぶことのできる
大切な人をもつことができたならば、
どんなによろしいかと
折々に思うことがあります。

平成6年　フランス、スペイン訪問前の記者会見

平成6年、訪欧の際に、女の子と手をつないで歩く美智子さま（朝日新聞社提供）

平成6年のフランス、スペイン訪問に先立ち開かれた記者会見で、在日外国報道協会の代表記者から「文化、宗教が異なる国同士が相互間の理解をさらに深めるにはどうすればよいか」との質問に対するご回答。

美智子さまは右のお言葉に続けて「国と国同士が難しい関係にたたされている時、その状況に耐え、状況の改善に忍耐強く努力する人々が両方の国に存在するような」関係を国同士が築くことが大切であると述べられている。

読書が教えてくれたもの

読書は、人生の全てが、
決して単純でないことを教えてくれました。
私たちは、複雑さに耐えて
生きていかなければならないということ。
人と人との関係においても。
国と国との関係においても。

平成10年　第26回国際児童図書評議会ニューデリー大会でのビデオテープによる基調講演

平成10年、国際児童図書評議会ニューデリー大会にて、ビデオで講演する美智子さま（朝日新聞社提供）

美智子さまは聖心女子大学在学中に児童書についての研究をされ、ご婚約時にはその論文の一部が新聞に掲載されたこともあるなど、本のなかでも特に児童書への関心が高いことで知られている。

こうしたなか、「本を読む」ということが、自分自身にどのような影響を与え、また、読書から何を学んだのかを、平成10年にインドのニューデリーで開催された国際児童図書評議会の世界大会の基調講演でこう語られている。

79 つながりが平和に

生まれて以来、
人は自分と周囲との間に、
一つ一つ橋をかけ、
人とも、物ともつながりを深め、
それを自分の世界として
生きています。

平成10年　第26回国際児童図書評議会ニューデリー大会でのビデオテープによる基調講演

平成10年、国際児童図書評議会ニューデリー大会のビデオ講演で「子供時代の読書の思い出」を語る美智子さま（朝日新聞社提供）

平成10年、インドのニューデリーで行われた国際児童図書評議会の世界大会での基調講演で美智子さまはこう語り、「この橋がかからなかったり、かけても橋としての機能を果たさなかったり、時として橋をかける意志を失った時、人は孤立し、平和を失います」と続けられた。

自身の立場や経験から、人や物を通してのつながりについて「橋をかける」という表現を使われ、この表現は同講演をまとめた書籍のタイトルにもなっている。

本から受けた恩恵

戦時下の地方の町に住みながら、
私は本という橋の上で、
日本の古代の人々とも、
また、異国の人々とも出会い、
その人々の思いに触れていました。

平成14年　スイスで開催された国際児童図書評議会創立50周年記念大会の開会式での挨拶

平成14年、国際児童図書評議会に出席し会場の展示作品を見る美智子さま（朝日新聞社提供）

このお言葉は、平成14年にスイスで行われた国際児童図書評議会の創立50周年記念大会で、戦時中の読書の思い出について振り返られたものである。

第二次世界大戦末期、当時群馬県などに疎開していた美智子さまが手にすることのできた数冊の本の中に日本の神話や伝説を記した本や、子どものために編集された『世界文学選』があった。それらから世の中の様々な事柄を知ることができ、「本」から多くの恩恵を受けたと述べられている。

81 アジサシと御霊を重ねて

逝《ゆ》きし人の御霊《みたま》かと見つむパラオなる
海上を飛ぶ白きアジサシ

平成27年　ペリリュー島を訪問し詠まれた歌

平成27年、パラオ・ペリリュー島で「米陸軍第81歩兵師団慰霊碑」に供花し、黙とうする天皇陛下と美智子さま（朝日新聞社提供）

平成27年4月、天皇陛下と美智子さまは、先の大戦で亡くなった方々の慰霊のため、パラオ共和国を初めて訪問された。ヘリコプターで同国のペリリュー島に向かわれる途中、眼下にサイパン島でご覧になったのと同じ白い鳥、アジサシが飛ぶ様子を、亡くなった人々の御霊に接するようだと感じられ、見入られたことについて詠まれた。

ペリリュー島は第二次世界大戦時に激しい戦闘が行われ、1万人以上の死者が出たといわれている。

82 平穏な時代を願って

子どもたちが生きていく世界が、
どうか平和なものであってほしいと
心の底から祈りながら、
世界の不穏な出来事のいずれもが、
身近なものに
感じられてなりませんでした。

平成14年　スイスで開催された国際児童図書評議会創立50周年記念大会の開会式でのお祝いの挨拶

平成14年、国際児童図書評議会創立50周年記念大会に出席し、英語でスピーチする美智子さま（朝日新聞社提供）

スイス・バーゼルで行われた国際児童図書評議会の創立50周年記念大会にて、スピーチされた美智子さま。3人の子どもを育てていく日々のなかで、大きな喜びとともに、いいしれぬ不安を感じることもあったという。

理由について美智子さまは「子どもの生命に対する畏敬と、子どもの生命を預かる責任に対する恐れとを、同時に抱いていたのだと思います」と述べ、このようなことを感じられていたという。

平和への強い意志

平和は、戦争がないというだけの
受け身な状態ではなく、
平和の持続のためには、
人々の平和への真摯な願いと、
平和を生きる強い意志が
必要ではないかと思います。

平成6年　米国訪問前の記者会見にて

平成6年、訪米でロサンゼルスに到着し、政府専用機から降りる天皇陛下と美智子さま（朝日新聞社提供）

このお言葉は平成6年6月、米国訪問前の記者会見で外国メディア記者からの「現在どのようなことに一番関心を持っておられるか」との質問に対し、「日本が平和で、退廃的でなく、礼節を重んじる国であるかどうか」と回答された後、こう述べられた。美智子さまは第二次世界大戦中、疎開したり、叔父が戦死するなど、過酷な戦争体験をされている。そうした体験が、美智子さまの平和に対する強いお気持ちを構築させたのだろう。

84 同世代の仲間へ

我もまた近き齢《よはひ》にありしかば
沁《し》みて悲しく対馬丸思ふ

平成26年 沖縄県を訪問し詠まれた歌

平成26年6月、沖縄県那覇市の対馬丸犠牲者の慰霊碑「小桜の塔」に献花する天皇陛下と美智子さま（朝日新聞社提供）

平成26年6月、天皇陛下と美智子さまは第二次世界大戦中に撃沈された学童疎開船「対馬丸」の犠牲者慰霊のため、沖縄県を訪問された。その対馬丸の犠牲者の多くが、美智子さまご自身と同じ年代の子どもたちであったことをとりわけ悲しく感じられ、詠まれた歌である。

対馬丸は昭和19年、那覇国民学校の児童などを乗せて沖縄から長崎に向かう途中、米軍の潜水艦により撃沈。約1500名が死亡したといわれている。

今、平和の恩恵に与《あずか》っている
私たち皆が、絶えず平和を志向し、
国内外を問わず、争いや苦しみの
芽となるものを摘み続ける
努力を積み重ねていくことが
大切ではないかと考えています。

平成26年　お誕生日に際しての文書回答

平成26年、傘寿のお誕生日用に撮影された
天皇陛下と美智子さま（朝日新聞社提供）

傘寿（80歳）のお誕生日を迎えられた際の美智子さまのお言葉。この頃は間もなく戦後70年という年で、過酷な戦争体験をもつ美智子さまは、終戦から長い年月が経っても戦中の記憶を消し去ることはなく、戦時下のことについて思いを巡らすことがあるという。

右のお言葉に続けて美智子さまは「ラジオを通し、A級戦犯に対する判決の言い渡しを聞いた時の強い恐怖を忘れることができません」とも述べられている。

86

疎開先での日々

60年の間には、
様々なことがありましたが、
特に疎開先で過ごした
戦争末期の日々のことは、
とりわけ深い印象として
心に残っています。

平成6年　お誕生日に際しての文書回答

美智子さまが群馬県館林市に疎開されていたころのお住まい（左奥）。昭和33年撮影（朝日新聞社提供）

平成6年10月20日、美智子さまは還暦を迎えられた。美智子さまの出身地は東京であるが、戦時中に空襲を避けるために学童疎開で転校を繰り返した経験をされており、このお言葉はその頃のことを振り返ったものである。

美智子さまは最初に神奈川県の鵠沼海岸にあった父の勤め先である日清製粉の寮へ疎開され、その後正田家の本家がある群馬県館林市へと移動。最終的には長野県の軽井沢で終戦を迎えられている。

87 核なき世界へ

核兵器の恐ろしさは、
その破壊力の大きさと共に、
後々までも被爆者を苦しめる
放射能の影響の大きさ、悲惨さにあり、
被爆国である日本は、
このことに対し、国際社会により広く、
より深く理解を求めていくことが
必要ではないかと考えています。

平成21年　お誕生日に際しての文書回答

平成21年11月14日、昼食会に訪れたオバマ米大統領を迎える天皇陛下と美智子さま（朝日新聞社提供）

平成21年、米国のオバマ大統領はプラハでの演説をはじめとする「核なき世界」に向けた国際社会への働きかけが評価され、ノーベル平和賞を受賞した。

当時はまだ大統領就任から間もなかったオバマ氏の受賞は、核なき世界を望む人々にとっては大きな希望となった。

美智子さまは平成21年のお誕生日に際しての文書回答において、オバマ大統領の核兵器廃絶への決意が表明された演説に触れ、このように語られた。

88 移住者をしのぶ

それぞれの土地で、
初期の移住者として
苦労された人々をしのび、
冥福を祈って
まいりたいと思います。

平成9年　ブラジル、アルゼンチン訪問前の記者会見

平成9年、アルゼンチン訪問の際、パレルモ公園内での日系人歓迎行事に出席した天皇陛下と美智子さま（朝日新聞社提供）

平成9年、天皇陛下と美智子さまは、ブラジルとアルゼンチンを訪問された。この南米2カ国への訪問は、約30年ぶりであった。

美智子さまは現地の人々に会われることを楽しみにされていた一方で、約30年前の訪問時に会った日系1世の人の多くがすでに亡くなっており、寂しがられていた。この会見では、最初のアルゼンチン訪問時に日系1世の方からもらったオンブーの盆栽が、赤坂御所の庭で大きく育っているとのエピソードも披露された。

89 人々の心の支えとなるように

接するすべての人々を大切にし、
その人々を通じ、
できるだけ人々の生活を広く深く知り、
皇室が少しでも人々の心の支えになり、
安らぎとなれるよう
務めていきたいと思っております。

平成9年　ブラジル、アルゼンチン訪問前の記者会見

平成9年、ブラジル、アルゼンチン訪問で会見のためブラジル大統領府を訪れた天皇陛下と美智子さま（朝日新聞社提供）

在日外国報道協会から「両陛下があまり公共の場に姿をお見せにならない。お会いになる人がごく限られた方々に制限されているという意見があることについてどう思うか」という質問に対するご回答の一部。

美智子さまは直近1カ月の日程を説明され、その日程は、公共の場に出かけられたのが12回。そのほか、官公庁などから依頼されて御所や宮殿で行う行事もあり、それ以上公の場に出る回数を増やすのは物理的に困難であった。

『橋をかける』（文春文庫、平成21年）。国際児童図書評議会における美智子さまの講演をまとめた本である

第5章

細やかな心配り

あら、あなたにはおめでとう
といってはいけなかったわね！

『週刊女性』昭和54年2月8日号

NHK青年の主張全国コンクール中央大会に出席した皇太子さま（現・天皇陛下）と美智子さま。写真は昭和39年の第10回大会に出席された際のもの（朝日新聞社提供）

昭和54年1月、皇太子（現・天皇陛下）と美智子さまは第25回NHK青年の主張全国コンクール中央大会に出席された。大会終了後の懇談会で、優秀賞を受賞した岡村清二さんは皇太子さまに「最優秀賞を目指したかったので、残念です」と話していた。

懇談が終了し、美智子さまは出場者にお祝いのお言葉をかけていたが、岡村さんにはおどけた笑みを見せながらこのように話しかけられた。

私の誕生日のことが新聞に出ると、同級生が嫌がるんですよ。歳がわかってしまうと。

昭和51年　お誕生日に際しての記者会見

昭和51年、42歳のお誕生日を前に、紀宮さま（現・黒田清子さん）とくつろぐ美智子さま（朝日新聞社提供）

42歳のお誕生日に際しての記者会見で、「歳は気にされますか」といささかデリカシーに欠ける質問をする記者がいた。

当時はこうした野暮な質問をする記者が珍しくなかったとはいえ、会見の場が険悪な雰囲気になっても不思議ではないが、美智子さまは新聞等で逐一年齢が表記されることを引き合いに出し、このようにご回答された。

美智子さまは元来こうした機知に富んだ会話が得意な方である。

もしも身分を隠すことができたら……

（かくれみのを使って）
混雑する駅の構内を
スイスイと歩く練習をし、
その後、学生のころよく通った
神田や神保町の古本屋さんに行き、
もう一度長い時間をかけて
本の立ち読みをしてみたいと思います。

平成19年　スウェーデン、エストニア、ラトビア、リトアニア、英国訪問前の記者会見

平成19年5月、英国の「ヘレン・ダグラス・ハウス」を訪れた天皇陛下と美智子さま（朝日新聞社提供）

「身分を隠して一日を過ごすことができるとしたら何をしたいか」との外国メディア記者からの質問に対する回答。この質問は、シェイクスピア『ヘンリー5世』に登場する庶民のふりをした王様を引き合いに出したものだ。美智子さまは、以前東京子ども図書館の館長から「かくれみの」をもらったことを思い出され、このように述べられた。美智子さまはかつて、見たかった展覧会を、大規模な交通整理が必要となることから断念された経験がある。

煌々《こうこう》とした輝きを目にして

その帰路に己れを焼きし「はやぶさ」の
光輝《かがや》かに明かるかりしと

平成22年　小惑星探査機「はやぶさ」が帰還した際に詠まれた歌

小惑星探査機「はやぶさ」の帰還カプセルを見学する天皇陛下と美智子さま（朝日新聞社提供）

平成15年5月に宇宙科学研究所（ＩＳＡＳ）が打ち上げた小惑星探査機「はやぶさ」は、小惑星イトカワにおいて地表の表面を詳しく観測し試料を収集。平成22年6月13日に地球に帰還を果たした。

地球重力圏外にある天体の固体表面に着陸し、地球まで試料を持ち帰ることに成功したのは世界で初めてのことで、この歌は長い宇宙の旅を終えた「はやぶさ」が、煌々と輝きながら大気圏に突入した時のことを詠まれたものである。

封じられまた開かれてみ宝の
代代《よよ》守られて来《こ》しが嬉しき

平成20年 正倉院展を訪問し詠まれた歌

昭和34年、正倉院展を訪問し、正倉院の宝物を鑑賞する皇太子さま（現・天皇陛下）と美智子さま（朝日新聞社提供）

奈良県に所在し、「古都奈良の文化財」として世界遺産（文化遺産）にも登録されている正倉院は、聖武天皇・光明皇后ゆかりの品をはじめとする、天平時代のものを中心とした多数の工芸品を収蔵していた高床式倉庫である。

この歌は、平成20年10月、第60回目となる正倉院展を見るために奈良国立博物館を訪問され、それと合わせて正倉院で宝物管理の様子を見学されたことについて詠まれたものである。

過去を思い起こして

まあ、お懐かしい

「J-CASTニュース」（平成24年5月6日）

聖心女子大学を卒業した当時の美智子さま（朝日新聞社提供）

美智子さまが婚約される前に単独インタビューなどを行っていた朝日新聞の佐伯晋記者は、美智子さまの婚約発表直後に美智子さま関連の担当から外れてしまった。

それから約30年後、朝日新聞社主催のイベントで美智子さまにお目にかかる機会があった。佐伯記者は会場の隅のほうにいたというが、美智子さまは目の前で立ち止まられ、こうおっしゃったという。後に佐伯記者はこの出来事ついて「感動した」と語っている。

美智子さまの言葉 96 陛下との掛け合い

どういたしましょう。
〈まつ〉のように
「おまかせくださりませ」と
申しますには、
この3番の質問は
少し難しゅうございました。

平成14年　ポーランド、ハンガリー訪問前の記者会見

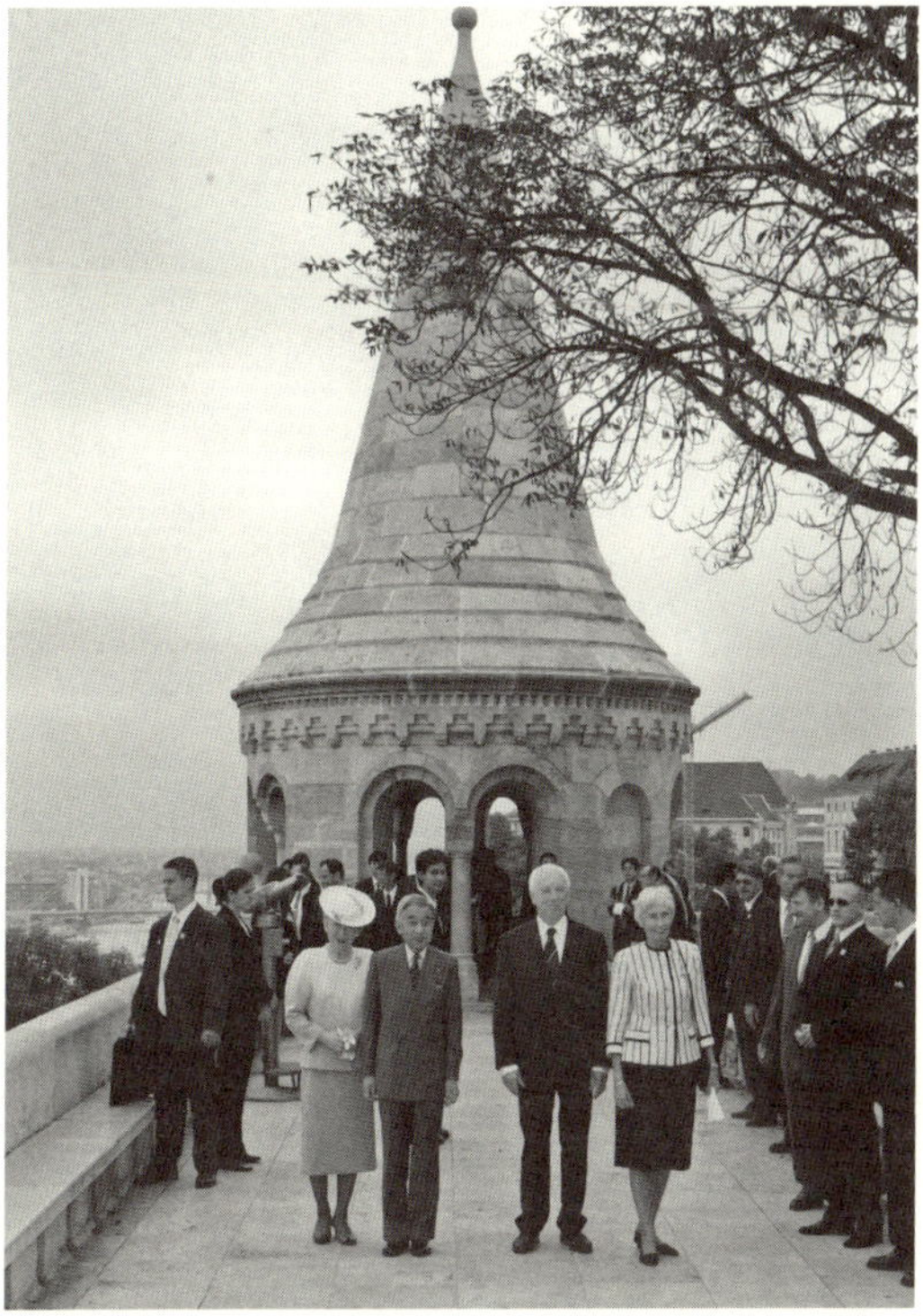

平成14年、ハンガリーの世界遺産のブダ王宮・漁夫の砦を訪問した天皇陛下と美智子さま（朝日新聞社提供）

平成14年、外国訪問に際し、天皇陛下とご一緒に臨まれた記者会見での一場面。記者から3番目の質問として、「今後、日本は東欧各国の芸術、文化についてどのような関係を築いてゆくべきか？」と問われ、天皇陛下は「この質問にお答えするのにふさわしいと思いますので」と美智子さまにご回答を譲られた。すると美智子さまは、当時NHKで放送されていた大河ドラマ『利家とまつ』に登場する「まつ」の決め台詞を引用し、こう述べられた。

97 母になること

一児の母ともなると、
あまりふとってはいられません。

昭和35年　米国訪問に際しての記者会見

訪米でハワイに到着し、州知事らと日米の国歌吹奏に臨む皇太子さま（現・天皇陛下）と美智子さま。昭和35年撮影（朝日新聞社提供）

美智子さまは長男の浩宮さま（現・皇太子さま）を出産された後、ご結婚前と比べてやせてしまわれ、心配する声があった。そのため米国訪問前の記者会見で記者から「最近やせておられますが」との質問があり、こう回答されている。この時期は結婚や出産など大きな環境の変化が続いたため、苦労されたのだろう。

また、皇太子さま（現・天皇陛下）も「米国の準備もいろいろあったし、どうしてもふとれません」とフォローされている。

くまモンはお一人なの？

朝日新聞（平成28年4月28日）熊本地震での被災地訪問の記事で紹介された、過去の熊本県訪問時のエピソード

熊本県庁でくまモンと対面し、「くまモン体操」を見学する天皇陛下と美智子さま（朝日新聞社提供）

平成25年10月28日、熊本県を訪れていた美智子さまは、蒲島郁夫知事とともに、同県の人気キャラクター「くまモン」と対面された。その際、美智子さまが蒲島知事に投げかけた質問である。鋭い質問にくまモンは慌てるようなしぐさを見せたが、最終的に「くまモンはくまモンです」という結論に落ち着いたようだ。

また、平成28年5月19日、天皇陛下と美智子さまは、再び熊本を訪問され、地震被災地で黙とうを捧げられた。

忍耐強さを体得する

野球の松井さんに見習って私も忍耐強く治したいと思います。

平成21年　天皇陛下即位20年に際しての記者会見

平成21年、即位20年を祝う国民祭典で、奉祝歌に拍手を送る天皇陛下と美智子さま（朝日新聞社提供）

平成21年、美智子さまは転倒によってひざを怪我されたうえ、前年には天皇陛下が体調を崩されたこともあり、両陛下の公務の軽減が進められていた。そのため、記者から「公務の軽減が進められているなかで、ご自身の健康と公務についてどのようにお考えか」と質問され、こう回答された。

「松井さん」とは当時ニューヨーク・ヤンキースに所属していた松井秀喜氏のことで、この年はひざの故障に苦しみながらも大活躍していた。

国民と一体になる

不思議な波が、私たちの少し前で何回かとまり、左手の子どもたちが、心配そうにこちらを見ておりましたので、どうかしてこれをつなげなければと思い、陛下のお許しを頂いて加わりました。

平成10年　お誕生日に際しての文書回答

平成10年、長野パラリンピック開会式で、観客のウェーブに加わる美智子さまと、ほほ笑む天皇陛下（朝日新聞社提供）

平成10年に開催された長野パラリンピックを天皇陛下と観戦された美智子さま。途中、会場では観客が縦列ごとに順番に手を挙げながら立ち上がる「ウェーブ」が行われていたが、両陛下にとっては見慣れない光景であるため、最初の数回は波に加われず、両陛下の手前で流れが止まってしまっていた。しかし、それに気づいた美智子さまは天皇陛下のお許しを頂いて加わると、ウェーブは会場を一周し、観客とともに会場の雰囲気を楽しまれた。

毎日新聞
けさ、皇太子さまご結婚式
嫁きゆく心境
美智子さん本社に寄せる
誠実に"光"を求めて
白樺のしるし汚さぬよう
民間初の妃殿下
美智子さんと誓いの盃
中共、釈放を通告
抑留漁船員五十一人
模型とラジオ
時刻表
サンデー毎日
國際写真情報
婦人画報
新潮

昭和33年4月10日付の毎日新聞朝刊1面。この日、皇太子さま（現・天皇陛下）と美智子さまは結婚式を挙げられた

美智子さま年譜

年令	年号	事歴	社会の主な出来事
0歳	昭和9年	10月20日　東京市にて正田英三郎、富美子夫妻の長女としてご誕生	ドイツ・ポーランド不可侵条約締結
6歳	昭和16年	雙葉学園雙葉小学校附属幼稚園ご卒園	太平洋戦争開戦
12歳	昭和22年	雙葉学園雙葉小学校ご卒業	日本国憲法施行
15歳	昭和25年	聖心女子学院中等科ご卒業	プロ野球、初の日本選手権開催
18歳	昭和28年	聖心女子学院高等科ご卒業	奄美諸島が日本に復帰
22歳	昭和32年	聖心女子大学文学部外国語外国文学科ご卒業 軽井沢会テニスコートで皇太子明仁親王殿下（現・天皇陛下）に出会う	日本最初の原子炉「JRR-1」が臨界に達する
24歳	昭和33年	11月27日　皇室会議にてご婚約が決定	東京タワー完成
24歳	昭和34年	4月10日　皇居・賢所にてご結婚式が執り行われる	NHK教育テレビ・日本教育テレビ・フジテレビジョンの放送が始まる

年令	年号	事歴	社会の主な出来事
25歳	昭和35年	2月23日 浩宮徳仁親王殿下（現・皇太子さま）ご出産 日本赤十字社名誉副総裁になられる 日米修好１００周年記念にて、ご夫妻で初の海外ご訪問	ローマオリンピック開催
31歳	昭和40年	11月30日 礼宮文仁親王殿下（現・秋篠宮さま）ご出産	３Ｃ時代（車、カラーテレビ、クーラー）
34歳	昭和44年	4月18日 紀宮清子内親王殿下（現・黒田清子さん）ご出産	人類初の月面着陸
40歳	昭和50年	沖縄国際海洋博覧会の名誉総裁になられる 火炎ビン事件に遭われる	第二次ベビーブーム
49歳	昭和59年	銀婚式を迎えられる	ロサンゼルスオリンピック開催
52歳	昭和61年	ご夫妻で初の御歌集『ともしび』を出版	英チャールズ皇太子とダイアナ妃が来日
53歳	昭和63年	母・正田富美子さんがじん不全のため78歳で死去	ソウルオリンピック開催

年令	年号	事歴	社会の主な出来事
54歳	昭和64年 平成元年	昭和天皇崩御に伴い、新天皇即位 美智子さまは新皇后になられる	消費税施行、税率は3%
55歳	平成2年	秋篠宮さまが川嶋紀子さんとご結婚	バブル崩壊で株が暴落
57歳	平成3年	10月23日　初孫となる眞子内親王殿下が秋篠宮家にご誕生	雲仙普賢岳で大火砕流発生
58歳	平成5年	皇太子さまが小和田雅子さんとご結婚	プロサッカー「Jリーグ」開幕
60歳	平成6年	12月29日　秋篠宮家に佳子内親王殿下ご誕生	日本人初の女性宇宙飛行士・向井千秋さん宇宙へ
62歳	平成9年	御歌集『瀬音』をご出版	消費税率を5%に引き上げ
64歳	平成11年	父・正田英三郎さんが95歳で死去	地域振興券を政府が子供・高齢者に支給

年令	年号	事歴	社会の主な出来事
67歳	平成13年	12月1日　皇太子家に愛子内親王殿下ご誕生	第1次小泉内閣発足
67歳	平成14年	国際児童図書評議会に出席のため単独でスイスをご訪問	ソルトレークシティ冬季オリンピック開催
71歳	平成17年	紀宮さまが黒田慶樹さんとご結婚	日本プロ野球セ・パ交流戦が開幕
71歳	平成18年	9月6日　秋篠宮家に悠仁親王殿下ご誕生	トリノ冬季オリンピック開催
74歳	平成21年	金婚式を迎えられる	鹿児島市の桜島が爆発的噴火
77歳	平成24年	エリザベス女王即位60周年記念式典にご出席	ロンドンオリンピック開催
80歳	平成27年	戦後70年にあたりパラオご訪問	北陸新幹線の長野―金沢間が開業
81歳	平成28年	国交正常化60周年にあたりフィリピンご訪問	リオデジャネイロオリンピック開催

主要参考文献

美智子『橋をかける　子供時代の読書の思い出』（文藝春秋）／美智子 文・武田和子 絵『はじめての　やまのぼり』（至光社）／安野光雅『皇后美智子さまのうた』（朝日新聞出版）／松崎敏弥『毎日読みたい美智子さま～愛が生まれるおことば81～』（光文社）／宮内庁侍従職 編『歩み　皇后陛下お言葉集――改訂新版――』（海竜社）／渡邉みどり『日本人でよかったと思える　美智子さま38のいい話』（朝日新聞出版）／浜尾実『美智子さま　心にひびく愛の言葉　……そのとき、こうおっしゃられた』（青春出版社）／『女性自身』（光文社）／『週刊女性』（主婦と生活社）／『週刊朝日』（朝日新聞出版）／『朝日新聞』（朝日新聞社）／『毎日新聞』（毎日新聞社）／宮内庁ホームページ

監修　山下晋司（やましたしんじ）

昭和31年、大阪市生まれ。関西大学卒。23年間の宮内庁勤務の後、出版社役員を経て独立。独立後は皇室ジャーナリストとして『皇室手帖』の編集長などを務める。現在はBSジャパン『皇室の窓スペシャル』の監修のほか、各メディアで解説等を行っている。

写真協力　朝日新聞社／共同通信社

美智子さま 100の言葉

（みちこさま　ひゃくのことば）

2016年 9月30日　第1刷発行
2022年12月22日　第4刷発行

監修	山下晋司
編者	別冊宝島編集部
発行人	蓮見清一
発行所	株式会社宝島社
	〒102-8388　東京都千代田区一番町25番地
	電話:営業03（3234）4621／編集03（3239）0926
	https://tkj.jp
印刷・製本	サンケイ総合印刷株式会社

ISBN978-4-8002-5894-6